微信小程序运营实战

商业机会、营销变革与行业案例

袁国宝 刘东明 袁国庆 袁国栋◎著

中国经济出版社
CHINA ECONOMIC PUBLISHING HOUSE
北 京

图书在版编目（CIP）数据

微信小程序运营实战：商业机会、营销变革与行业案例/袁国宝等著.
北京：中国经济出版社，2017.6
ISBN 978-7-5136-4696-3

Ⅰ.①微… Ⅱ.①袁… Ⅲ.①电子商务 ②移动终端—应用程序
Ⅳ.①F713.36

中国版本图书馆 CIP 数据核字（2017）第 096397 号

责任编辑　牛慧珍
责任印制　马小宾
封面设计　久品轩工作室

出版发行　中国经济出版社
印 刷 者　北京科信印刷有限公司
经 销 者　各地新华书店
开　　本　710mm×1000mm　1/16
印　　张　15.25
字　　数　180 千字
版　　次　2017 年 6 月第 1 版
印　　次　2017 年 6 月第 1 次
定　　价　48.00 元
广告经营许可证　京西工商广字第 8179 号

中国经济出版社 **网址** www.economyph.com **社址** 北京市西城区百万庄北街 3 号 **邮编** 100037

本版图书如存在印装质量问题，请与本社发行中心联系调换（联系电话：010-68330607）

前言

2011年1月21日，腾讯推出为智能终端提供即时通信服务的免费应用程序——微信；截至2016年底，微信的月活跃用户数已经超过8亿。作为移动互联网时代的超级入口，微信为商业模式的颠覆和创新注入了巨大的推力。2017年1月9日，乔布斯发布第一代iPhone手机十周年的纪念日，微信小程序正式上线，这不仅吸引了诸多微信用户的争相体验，更使大批互联网企业和创业者加入小程序开发的队伍中。

对用户而言，小程序是一种新的应用形态。微信创始人张小龙在小程序内测时就表示，小程序能够使用户轻松进入应用，用户通过扫描二维码或者搜索名称的方式就能启动，无须将其下载到手机上，在使用结束后即可关闭退出，无须进行卸载，也不会占用手机的存储空间。而且，相较于以往的微信服务号，微信小程序能够使用户更直接、有效地获取自己所需的服务，在原有的基础上提升用户体验。

也就是说，以往的网站、APP以及线下的场所，在用户需要的时候都能在小程序上完成。例如，当用户需要在线上购物时，其可以通过小程序进入相应的电商平台；当用户需要预订酒店时，其可以通过小程序选择在线住宿服务商；当用户外出就餐时，其可以扫描餐馆门口的二维码，查看详细的菜单、价格以及评价，并进行订餐和支付；当用户需要等公交车时，其可以扫描公交站台的二维码，了解对应的公交车目前的位置以及预计到达的时间；等等。

小程序改变了用户与世界互动的方式，其背后蕴藏着商业模式的颠覆和行业生态的变革。因此，小程序的出现点燃了大量互联网创业者以及开发者的热情，为诸多企业寻求发展机遇带来了希望。

微信小程序推出后，众多企业纷纷加入小程序的开发队伍中。根据相关的调查，仅2017年1月，就有超过20万家公司在进行小程序研发。由于微信积累了海量的用户流量，而且用户黏性极高，通过开发小程序可以很好地挖掘这些用户的巨大潜在价值。即便是已经拥有独立APP产品的企业，也可以开发一个小程序来吸引更多的目标用户群体。例如，以下几类企业都有希望通过微信小程序获得可观收益：

其一，服务类垂直领域的企业。旅游、医疗、家政、票务、教育、招聘、二手车买卖等垂直领域的服务商尤其适合开发小程序，因为用户通过扫描二维码或者搜索即可方便快捷地满足自身在这些方面的需求。

其二，满足用户低频长尾需求的企业。那些高频率的刚性需求比较适合开发独立APP产品，而对于低频长尾的需求而言，企业开发独立APP产品的性价比极低，用户活跃度低的APP不仅难以给企业创造足够的利润，而且还会增加不必要的开发及运营成本。

其三，创业公司、小微企业。这种企业往往缺乏足够的资金、技术等优质资源，如果开发小程序产品，其不仅能够接触到微信的庞大用户流量，而且小程序本身的开发成本相对较低，能够让企业节省大量成本，并降低风险。

其四，想要实施或者正在实施互联网化转型的传统企业。独立APP产品的开发成本和运营成本相对较高，而且传统企业缺乏足够的互联网基因，如果开发独立APP产品恐怕很难取得成功。而小程序的门槛相对较低，而且微信本身对小程序高度重视，能够帮助企业节省大量的推广成本，从而实现较高的转化率。

其五，数据要求不复杂的企业。在移动互联网时代，信息规模爆发式增长，很多企业饱受困扰，而类似腾讯、百度、阿里巴巴、亚马逊等科技巨头通过开发云服务平台可以很好地解决这一问题，而普通企业则很难做到这一点，第三方云服务商提供的云服务在功能方面仍有很大的提升空间，所以，数据规模相对较小而且对数据安全性要求不高的企业，尤其适合开发小程序产品。

除以上几类企业外，诸如餐馆、酒店等线下场景中的企业也可以推出相应的小程序。因为与网站和APP相比，小程序的开发更加简单、运营成本更低，而且更契合用户线下的应用需求，所以线下的门店更应该抓住小程序带来的契机。

小程序已经成为正在爆发的新一轮的微信红利。那么，如何才能玩转小程序，掘金商业蓝海呢？小程序作为新生事物，既带来了无限的商机，也使企业面临未知的挑战，而探索小程序的商业化路径，关键在于正确的理解和把握。

在瞬息万变的移动互联网时代，无论是企业的管理者还是创业者，都比以往更需要审时度势。而小程序已悄然到来，唯有抓住机会，才能顺势起飞！

目录

第 1 章　小程序崛起：正在爆发的新一轮微信红利

1.1　揭秘小程序：多维度探索小程序的产品实践

◎ 小程序诞生：产品之上的价值观

备受瞩目的微信小程序于 2017 年 1 月 9 日正式上线，成功跻身各媒体科技版头条，引爆了话题热点。为何微信小程序的上线会受到如此广泛的关注呢？其原因有两点，一是微信小程序上线的时机选择得较好，微信小程序上线之时正值 iPhone 发布 10 周年之际，彰显了腾讯的致敬之意，是腾讯的又一次创新尝试；二是“小程序”这一概念自提出以来就备受关注，外界认为其将“革 APP 之命”，将引导很多行业实现创新。

自微信小程序上线以来，外界对于这款产品应用讨论甚多，争论的焦点也莫衷一是。而要想正确解读小程序，首先应该深入了解微信这款产品，以及“微信之父”张小龙独特的产品价值观。

一直以来，微信的所有活动都遵循“保守克制”“以用户体验为中心”的价值观。下面我们不妨根据张小龙阐述的微信价值观对微信小程序进行解析。

在2016年1月的一场演讲中，张小龙谈及了四点微信价值观，分别是“一切以用户为依归”“让创造体现价值”“好的产品用完即走，少即是多”“让商业存在于无形之中”。在详细解释这四点价值观之前，张小龙先讲了一个小故事。

在一次微信公开课上，每一位与会者都收到了一张邀请图片，部分与会者将这个图片分享到了微信朋友圈，结果图片遭到了疯狂转发，公开课的链接几近崩溃。之后，一个无中生有的谣言“微信能借助银行卡偷取用户支付宝中的钱”纷起，导致数百万名用户解绑银行卡，使得银行卡解绑服务器崩溃。事实上，在这个谣言刚兴起之时，微信团队就发布了辟谣文章，但转发的人却寥寥无几。

该事件为何会发生呢？对其进行深入分析可发现，微信用户规模上亿，在这个平台上，“蝴蝶效应”每天都在发生，一个微小的事件经过层层传递就会被无限放大，造成不可估量的后果。有鉴于此，微信团队的每一个动作都秉持着谨小慎微的态度，防止“微小的差错被无限放大”事件再次发生，避免用户体验受到不良影响。

现如今，很多人都喜欢用“生态”一词来对微信进行描述。但这个评价并没有让微信团队骄傲，反而使其深入自省，认识到：无论微信生态有多丰富，其商业价值有多大，都离不开庞大用户群体的支持。因此，微信将“用户体验”奉为圭臬，时刻秉持“以用户为中心”的价值观。

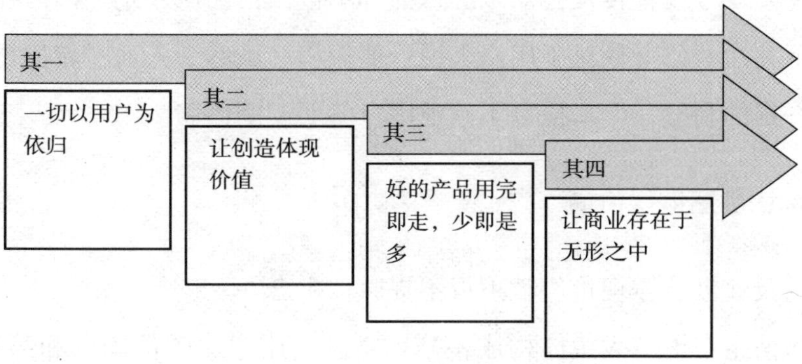

图1－1 微信价值观

◆ 一切以用户为依归

如果某件事情不能为用户提供价值，微信就坚决不做。

微信发布的数据显示，超过半数的用户平均每天打开微信超过10次，1/4的用户每天打开微信超过30次。2016年9月，微信日登录用户达7.68亿人，半数用户每天使用微信时长达90分钟。由此可见，微信拥有巨大的流量入口。但是在张小龙看来，流量变现这种盈利模式太低级，他对这个价值巨大的流量有着独有的看法，使用时依然秉持着谨小慎微的态度。

张小龙对微信朋友圈最好的设想是：朋友圈定制化，使用频率低，形式与朋友圈内容相融合，用户在朋友圈看到的广告都对其有所助益，最大限度地降低其对用户体验的伤害。

微信公众号之所以每天只能发一次内容，就是因为微信团队希望所有的公众号都能珍惜这一天一次的机会为用户提供最有价值的内容。用户退订公众号这一行为得到了微信团队的极大鼓励，甚至微信在考虑构建一个“一键退订”功能，为用户退订公众号提供方便。另外，诱导性关注公众号或者转发公众号等行为都不被微信团队鼓励，因为在这种情况下关注的公众号对于用户来说价值极小。虽然个人通过转发行为获得了一定的利益，但却损害了其他用户的朋友圈体验。

◆ 让创造体现价值

论及让创造体现价值就不得不提微信生态。

微信生态由三大主体构成，分别是微信用户、微信团队和第三方。在整个生态体系中，用户是基础，因为他们享受服务，并为其支付费用；第三方是服务或者产品的提供者，并从中获取利润；微信团队是机会与规则的创造者，将用户与第三方联系在一起，获取佣金。

因为在整个生态体系中用户是付费者，微信团队要维护用户的利益，限制第三方的活动，以免其为了一己私利伤害用户利益及整个生态系统。微信团队限制第三方活动的原则就是：让创造体现价值。

对于微信公众号与服务号，张小龙对其做了解释：

现如今，微信公众号被很多企业或者个体视为媒体资讯平台，这与微信的初衷并不相符。微信公众号推出的最初目的并非消磨用户的时间，而是让真正有价值的内容发挥其价值。

但在实际应用过程中，公众号却被视为了一个宣传平台，所提供的内容大多没有价值，对用户体验有所伤害。之后，微信又推出了服务号，希望企业能借助服务号为用户提供有价值的服务，但这个想法依然没有得到很好的实现。

两次让创造体现价值尝试的不理想催生了微信的又一个新想法——微信小程序。

◆ 好的产品用完即走，少即是多

用户在微信上的长时间停留并没有引起张小龙的自满，反而引发了他的不满。

张小龙希望用户花费在微信上的分分秒秒都是有价值的。如果微信想要增加用户的停留时间，可以采取的方法有很多，如在微信上增加一个热门资讯板块，以一些热门内容吸引用户，一定能增加用户的停留时间。但使用这种方法，增加用户停留时间的同时也是在浪费用户的时间，对于用户来说，没有丝毫价值。

为了控制用户在微信上的停留时间，微信采取了诸多措施，例如，不增设 QQ 或手机通讯录导入好友功能，以控制微信好友数量；限制微信公众平台发送内容的次数；等等。张小龙认为一款好的社交产品必须要做到三点：有趣关注、广泛参与和持续使用。

第一点和第二点都非常容易理解，就是通过有趣的内容引发用户关注，鼓励用户参与，构建关系链，增强用户与平台之间的黏性。第三点则是要保证用户在使用这款社交产品的过程中能获得价值，用完即走，保证用户在此产品上花费的所有时间都是有价值的，提升用户的满意度，从而实现持续使用。

◆ 让商业存在于无形之中

在商业化方面，张小龙对微信有很高的期待，它希望微信的商业化不是基于骚扰和流量变现的商业化。在这方面，张小龙讲过一个优惠券的案例。

在现实生活中，触手可及的优惠券使用率非常低，针对这个问题，微信尝试开发一种基于社交关系的优惠券。这种优惠券只有你的朋友去指定商家消费才能获得，朋友获得之后分享给你，你才可以使用。通过这种方式，优惠券的使用率得以大幅提升，商家的满意度、朋友的满意度都能得以有效提升。这就是微信倡导的“让商业存在于无形之中”的理念，一种触手可及、无处不在的商业模式。

◎ 设计理念：产品背后的设计逻辑

小程序作为一个新生事物，总免不了会出现各种各样的质疑声，那么在小程序的背后又隐藏着怎样的理念，其适用于什么类型的APP，未来的发展前景又将如何呢？要回答这些问题，我们首先需要了解小程序这一产品背后的设计理念。

张小龙在公开课上对小程序的理念进行了详细阐述，如果用几个字进行总结，那就是“所见即所得”。而且，小程序要实现的“所见即所得”，不是我们在PC时代中在画图或者UI界面上的“所见即所得”，而是我们眼中所能见到的所有具体事物，就包含了其本身的信息，以及经过了一定处理的信息。未来，所有的小程序都应该是触手可及，而且能够让我们随时访问。

对于未来的程序，张小龙举了这样一个案例：如果我们看到房间中的一盏灯，我们想打开或者关闭这盏灯时，通过一副智能眼镜去看它，灯上面就会出现一个虚拟的开关，我们可以通过这个开关来控制这盏灯的开和关甚至调节灯的颜色、亮度等。

这个开关就是出现在真实物体上的一个应用程序，在我们看一个物体时，它就会自动出现在我们的视野中。而此处的灯，可以是所有能够为我们提供服务的物体。

程序存在于无形之中，当我们需要使用它的时候，通过触发某种场景就可以使用，而且使用没有任何的门槛。如果对小程序的理念进行概括，我们可以将其总结为三点：

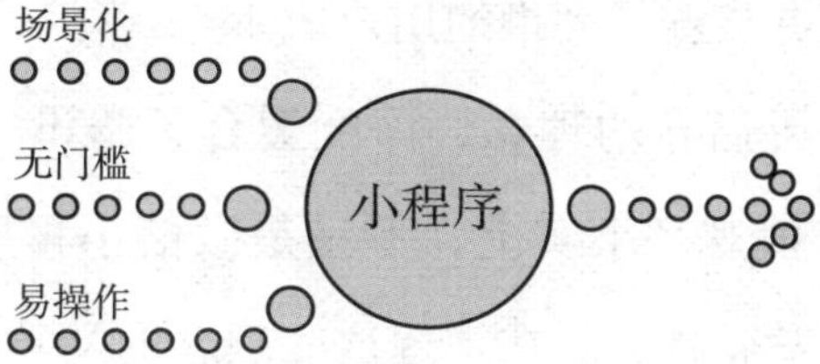

图1－2　微信小程序的设计理念

1）场景化

在我们处于小程序服务的某种场景中时，就可以通过一些设备实现与承载服务的载体之间的对接，从而使用小程序。目前最为普遍的应用方式就是扫描二维码，未来随着技术的不断进步，相信会有更多的方式和渠道来让我们获取小程序。例如，我们想要控制并使用一个物品时，仅需要通过随身携带的智能手机对其进行扫描即可。

目前已经出现并且被用户广泛使用的小程序主要有：在公交站牌上通过扫描二维码获取公交车的实时位置信息，在餐馆内通过扫描二维码订餐及结账等，这些应用也都体现了小程序场景化的理念。

2）无门槛

使用小程序几乎没有门槛，使用完后就可以随时离开，不用担心被骚扰，也不用卸载。不使用它时，可以将其完全忽略，是一种真正的“用完即走”。

3）易操作

用户使用小程序方便快捷，由于它十分轻量化，仅为用户提供一些比较实用的核心功能，可以快速、高效地满足用户在某些方面的需求，而不用被烦琐的步骤和复杂的操作所困扰。

在智能手机使用微信中的小程序，消费者可以更为快捷地享受服务，其用户体验较传统网站要好得多，而且不必下载安装APP，在提升用户体验的同时，更节省了大量的用户成本。

这便是小程序所倡导的理念，深度契合了腾讯“一切以用户价值为依归”的企业价值观。事实上，不只是微信小程序，这会是未来所有应用程序的主流发展趋势。在掌握这些理念的基础上，我们也就不难理解微信小程序如此设计背后隐藏的逻辑，以及什么种类的应用比较适合制作成小程序。

◎ 产品层面：追求极致的用户体验

微信采取的重要举措，总会引发新一轮的热潮。其中，表现最为明显的当属创业人员，在小程序推出之际，他们急切地要抓住新机遇进行市场开拓。下面，我们就产品层面对小程序进行简单的阐述。

◆ 小程序的四个特征

正式上线后的小程序的功能形态，与此前其内测时业内人士分析的结果基本保持一致，小程序具有以下四个主要特征：

1）入口非常有限

用户可以通过线下扫码、微信搜索、公众号关联、好友推荐、历史记录的方式使用小程序。而搜索也不支持模糊搜索，必须精准输入正确的名称。和公众号相比，用户使用小程序的入口可谓相当有限。

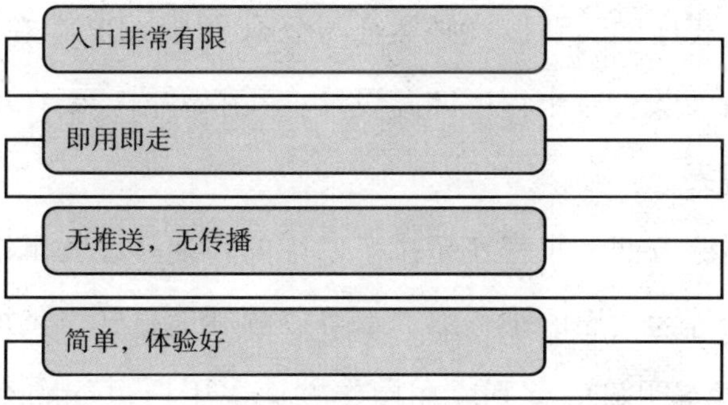

图1－3　小程序的四个主要特征

2）即用即走

小程序不能订阅，不过使用一次后，可以在历史记录中直接使用。而且和APP应用所不同的是，使用小程序不需要下载安装，也不需要订阅，门槛极低。使用完小程序后，也不会受到推送消息的困扰。所以小程序更加注重其本身的价值。

3）无推送，无传播

小程序不能向用户主动推送内容，不在首页之中，也不支持“分享至朋友圈”的功能。

4）简单，体验好

在使用体验及交互方面，小程序毫不逊色于APP，只不过后者提供的功能比较全面，小程序所提供的功能主要是几种核心功能。

广泛应用于移动应用产品运营的AARRR[①]模型强调：应用产品需要重点关注用户获取、留存、活跃、传播等环节。而小程序入口有限、难以推送的特征，使其在为商家引流方面受到明显限制，无法通过朋友圈进行分享，这给其口碑传播带来了较大的阻碍。

---

① AARRR：Acquisition、Activation、Retention、Revenue、Refer五个单词的缩写，分别对应用户生命周期中的五个重要环节。

因此，小程序的运营模式必然会与公众号与 APP 存在较大的差异。至于为何微信团队会对小程序如此设计，我们恐怕还要在小程序设计理念方面寻找答案。

在产品体验方面，小程序超过了以往的预期。以腾讯视频、美团外卖、豆瓣评分等为代表的小程序，都可以顺利地打开，其加载时间与传统 APP 之间没有明显的差别。在操作方面，用户也能顺利完成一系列操作，与传统 APP 的操作存在许多共性。从整体角度来分析小程序，因为每个小程序的体量需要控制在 1M 以内，与传统 APP 相比，小程序在功能方面进行了大幅精简。例如美团外卖的小程序，其主页面是根据地理位置陈列出来的各个店铺，打开之后即为店铺的商品展示，用户可直接点击购买。

与美团的原生 APP 相比，小程序省略了“我的”功能模块，并精简了外卖功能。由此可见，美团外卖的小程序以点餐为核心功能，这也是用户使用频率较多的功能，用户在点餐结束之后即可退出小程序。

◆ 小程序的三大优势

立足于产品的角度，微信小程序在产品形态上具备以下几个优势：

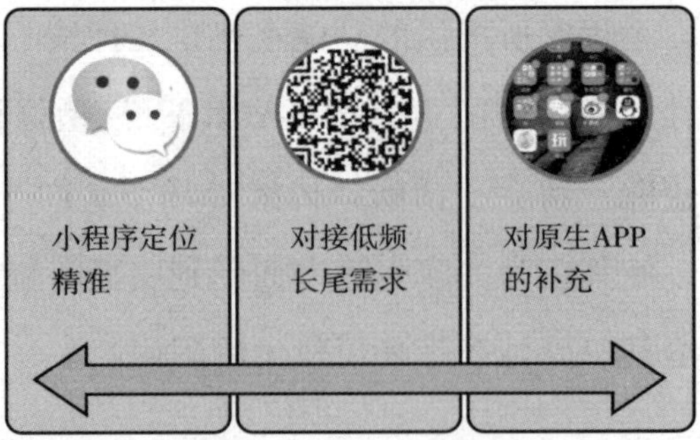

图 1-4　小程序产品形态方面的优势

1）小程序定位精准

微信团队规定，小程序不得超出 1M，为此，小程序承载的功能有限，若超出这个范围规定，就容易导致用户体验不佳。因此，小程序需向用户呈现其核心功能，满足用户的特定需求，即准确定位其功能。

如此一来，用户的核心需求得到满足后，即可退出小程序。随着技术的发展，腾讯可能会放宽对小程序体量的限制，届时，小程序会在原有基础上添加新功能，当市场发展趋于完善时，微信团队也会做出相应的调整。

2）对接低频长尾需求

很多企业会针对用户的高频需求推出相应的 APP，并通过增添新功能来引导用户需求。但由于低频需求分布零散，无法使企业获得长足发展，很少会得到经营者的关注。微信小程序则能够实现成本控制，给创业者带来更多的发展机遇，因而，开发者会聚焦于推出提供长尾服务的小程序，满足用户的多元化需求，并提升其产品体验。

3）对原生 APP 的补充

很多实力型企业推出的 APP，在长期发展过程中积累了自己的长期用户，其推出小程序的目的是吸引长尾用户，因此，不少 APP 运营方推出提供核心服务的微信小程序，但对一部分用户而言，小程序无法替代原生 APP 来满足其多方面需求。因此，对高频刚需 APP 而言，小程序可作为其补充，来获取长尾用户。

◎ 市场层面：重塑线上线下的连接

微信小程序正式上线以来，就成了朋友圈的热点话题，网络平台上甚至出现了许多围绕小程序为核心话题的讨论群，微信团队的此举，吸引了包括创业人员、产品开发及营销人员以及普通用户在内的诸多群体，他们就小程序的应用与影响纷纷发表自己的看法。

微信小程序的推出，可能会使市场布局产生三个方面的变革：

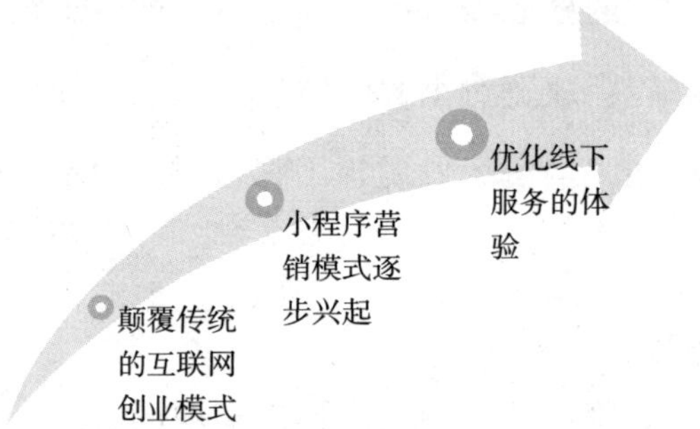

图 1-5　小程序可能带来的市场变革

1）颠覆传统的互联网创业模式

小程序将改变互联网创业企业的传统发展模式。近年来，处于创业浪潮中的很多企业都选择打造自己的 APP，但有些创业项目的商业价值有限，难以保证 APP 的持续运转。小程序的出现为需求量较少、使用频次较低的产品带来机遇，小程序的开发成本要远低于传统 APP，但却能够像 APP 一样，满足用户的核心功能需求。一些小型的创业企业，可以通过小程序来实现其商业计划，而无须进行 APP 的研发与运营。

但是，小程序本身也有很多不确定性，腾讯在推广小程序的过程中也是非常谨慎的，例如，用户要进入小程序，就要在微信中进行搜索，或者扫描二维码，而无法通过其他途径启动小程序。

尽管小程序可以分享给指定的好友与主题群，却无法通过朋友圈共享。从诸多方面都能够看出，腾讯对于小程序还是比较谨慎的。当然，这种谨慎是十分必要的，因为对于一个引起广泛关注的产品，谨慎对待能够有效降低风险，避免其偏离正常的发展轨道。虽然腾讯在推广中比较谨慎，但是小程序引发的反响依旧强烈。当小程序的发展趋于成熟时，必定会给创业者开拓更多的发展空间。

2）小程序营销模式逐步兴起

目前，用户只能通过扫码、搜索或者好友分享的方式进入小程序，而且，除腾讯系产品之外，其他小程序大都需要输入完整的名称才能搜索出来。因此，目前微信小程序的推广渠道十分有限。用户无法将小程序分享到朋友圈，就不能像之前内容创业者那样进行大范围的信息传播。

从现阶段的发展情况来分析，在小程序营销过程中，推广二维码需消耗大量的时间与精力成本，搜索需输入完整的名称，好友分享的覆盖面太窄。因此，要达到广泛推广的目的，就要突破传统营销模式。由此可见，商家要进行小程序推广，或者以小程序为支撑进行产品营销，都需要对原有的营销模式进行改革。

3）优化线下服务的体验

腾讯提出自己的目标之一是“连接一切”，并相继推出一系列产品，用于实现人与人、人与物之间的连接。用户可通过扫描线下二维码的方式启动小程序。换句话说，二维码能够实现线下服务与产品的连接。

立足宏观发展角度来分析，随着网络技术的高速发展，语音智能识别系统终将推出并得到广泛应用，但从目前来看，扫码方式已经能够在很大程度上提升用户获取线下服务的体验。举例来说，当商家在线上平台发布电子优惠券时，用户可通过扫码的方式领取，无须安装 APP。能够节省消费者的时间，快速实现双方的交易。

◎ 战略层面：微信团队的野心布局

如今，微信平台的发展逐渐趋于操作系统，其核心竞争力也愈加突出。微信在长期发展过程中，始终致力于通过自身平台的运营，满足用户在多元化场景下的各类需求，在发展社交功能的同时，发挥腾讯的连接作用。微信团队此次推出的小程序，就承载着连接功能。另外，小程序的推出，会给其他实力雄厚的大企业，特别是阿里巴巴的发展带来挑战。

从战略的角度来分析，小程序带来的变革主要体现在以下三个方面：

1）使微信平台适用于更多应用场景

小程序的推出，能够使经营者通过网络渠道来对接用户的低频长尾需求。其中有许多使用频率较低的产品或服务，也开发了自己的 APP，如今，用户完全可以通过启动小程序来满足自己的需求，无须再下载 APP。

另外，小程序的制作成本远低于 APP，更适合处于初期发展阶段的创业人员。小程序包含丰富的应用类型，用户能在多元化场景中通过微信平台的小程序来获取自己所需的服务。

尽管每款小程序占用用户的时间比较有限，但是种类繁多的小程序一样能够增加用户使用微信的时间，而且，微信原本就是用户使用频率较高、花费时间较长的平台。在满足用户多元化场景需求的同时，微信会朝着操作系统的方向迈进。

2）进一步完善腾讯的数据库

阿里巴巴曾提出，在今后的发展中，大数据的重要地位将愈加凸显。一直以来，阿里巴巴和腾讯在数据方面都占据绝对优势地位，其中，阿里巴巴在消费者数据上领先，腾讯则在社交数据方面见长。

微信推出小程序后，能够进一步完善腾讯的数据库，小程序的运营不仅能够弥补腾讯在消费数据方面的不足，还能够帮助腾讯获取更多的信息资源。腾讯再结合长期发展过程中积累的丰富社交数据，建立更为完善的用户数据体系，这将使腾讯在之后的发展和投资中拥有更多的主动权。

3）使其他实力型企业的发展面临挑战

小程序极大地丰富了微信的使用场景，其中有很多场景需要用户进行线上交易操作，从而使微信支付的应用更为普遍，这使阿里支付的发展面临挑战。从根本上来说，支付功能的实现，是金融领域的业务拓展。

因其社交属性，腾讯与其他巨头企业相比，要占据更有利的地位。小程序的推出，使腾讯凭借社交优势在金融领域的市场争夺战中，更容易处于优势地位。

小程序的出现可能会使许多平台的服务以细分的方式呈现出来，导致用户分布更为分散。由于小程序的大小不得超过1M，部分具备综合性服务功能的APP可能会被分解开发为功能各异的微信小程序，通过微信平台推出。

这类APP被拆解为众多小程序后，将会给创业者带来更多的创业机会。同时，由于小程序的开发成本低、难度小，很多使用频率高的产品会出现多个具备同类功能的小程序，使原本集中的用户群体趋于分散分布，从而给竞争对手带来挑战。可见，小程序的问世必然会使很多企业的发展面临挑战。

立足宏观发展角度来分析，小程序拥有良好的发展前景。目前，腾讯仍然以谨慎的态度对之，并未在产品设计方面完全放开。立足小程序打开方式、分享途径方面进行分析也能发现，腾讯在初期发展阶段力图保持微信生态的原貌，避免小程序的推出使其发生巨大改变。当市场发展趋于成熟时，小程序的价值将得到进一步体现，使创业者获得更多的发展空间。

1.2 赋能“互联网+”：小程序开启智慧服务模式

◎ 缩短连接路径，提升服务效率

小程序与“互联网+”有什么关系呢？

从本质上看，小程序的工具属性与各行业“互联网+”的现状结合得最紧密。腾讯对小程序的解释是：小程序是一个提升效率、用完即走的工具，它无处不在，可以随时访问，是一种无须下载即可立即使用的简单程序。小程序的这种特性满足了各行业与“互联网+”紧密结合的诉求，推动其结合状态达到最佳。

现如今，随着“互联网+”的发展，互联网与医疗、交通、警务、政务、社保等行业结合得越来越紧密，用户在使用的时候关注的重点并非UV、PV等互联网指标，而是缩短的时长、提升的效率、节约的人力等与行业服务相关的指标。小程序无处不在、用完即走的特性切实提升了行业业务的开展效率，让“互联网+”与各行业的结合变得更加顺畅。

虽然微信小程序上线的时间较短，但也出现了几个较为典型的应用案例，从这些应用案例中可以看出小程序能为“互联网+”与行业发展带来新的契机。

以常见的就医场景为例：王某在下楼时不慎扭伤了脚，需要就医诊治，传统的做法是到附近的医院排队挂号，就医诊治，排队缴费；更为方便的做法是在就医途中下载一个挂号APP，或者使用微信——城市服务——挂号服务，如果情况顺利，到医院时就已完成挂号，可直接问医就诊；而小程序推出后，王某则可以到达医院时打开微信扫描医院的二维码，找到“挂号平台”小程序，便能获得最佳的挂号方案。

如果该医院能为患者提供就诊全流程服务小程序，王某的就医过程就会变得更加简单。就诊结束之后，王某就能在自己的手机中看到医生的检验报告，还能查询费用清单等。如今，这种能为患者提供全流程服务的小程序已经上线，如“广西壮族自治区人民医院掌上医院”小程序就是比较典型的代表。借助该小程序，患者可以选择医院预约挂号，预约信息能非常详细地显示出来，使就诊过程变得更加简单。

对上述三种挂号就诊方法进行对比分析可以发现：传统的挂号就诊方法最费时、费力，患者仅排队就要耗费大量时间，如果到医院的时间较晚，专科号已挂满，就不得不挂急诊；使用微信挂号服务或第三方APP挂号，虽然能帮患者节省大量时间，但患者必须事先对这种挂号方法有所了解，必须知道挂号APP的全称并下载，或者从众多微信服务中将公共服务搜寻出来才能使用；通过小程序挂号就诊的方法最便捷、直接，患者无须事先做任何工作，只要在到达医院时拿出手机扫描二维码即可。

这种应用过程和应用效率切实体现了小程序推出的本意——缩短线

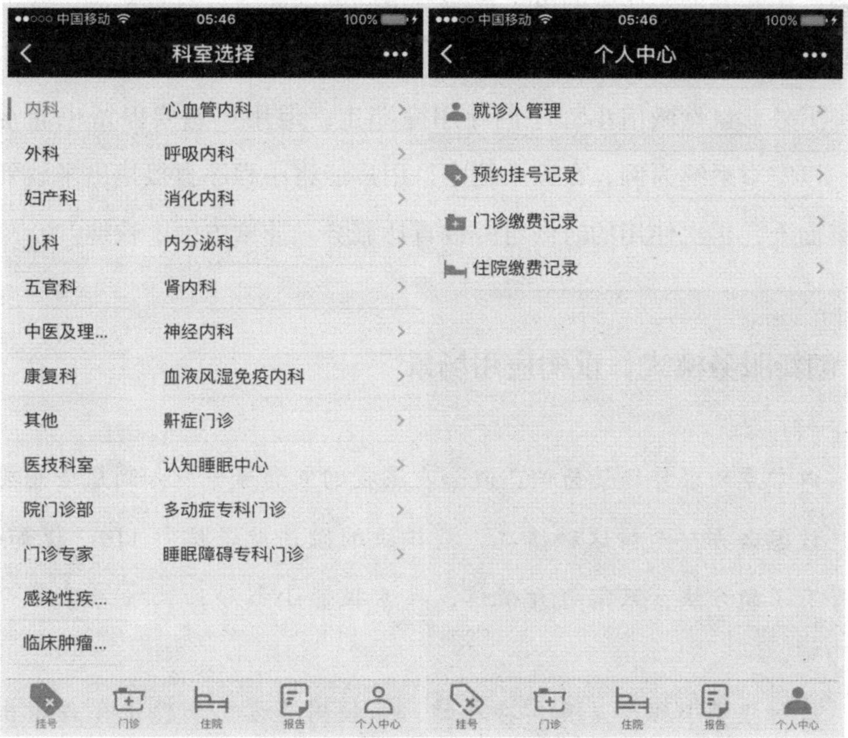

图1－6 “广西壮族自治区人民医院掌上医院”小程序

上与线下的连接路径，实现无缝对接。用户只需搜索、扫描二维码就能与所在场景中的服务连接起来，服务路径能得以有效缩短。

在传统的做法下，用户想要将线上与线下场景结合在一起，必须借助公众号或APP，甚至还需要进行下载安装、进入程序、注册账号、输入账号等一系列操作。而微信小程序则无须进行这些操作，可一步到位，直接实现线上与线下的结合。

微信小程序的这些特点为各行各业拓展应用场景提供了助力与支持，原本需要借助APP连接，需要向用户传达使用方法的场景应用，现如今只需将注意力放到服务上即可。因为借助微信小程序，用户无须学习即可使用，只需在具体的应用场景中扫描二维码，无论是医院挂号问题，还是办证大厅中的电子核验身份问题都能得以有效解决，线上应用与线下场景能真正实现无缝对接。

另外，虽然微信小程序倡导用完即走，但用户想要停留也非常方便。以安卓系统为例，在该系统中，用户能将小程序直接拖出来放到手机桌面上，再次使用的时候可一键直达服务，非常方便、快捷。

◎ 创新服务模式，重构应用场景

以常见的报警场景为例：假如在深夜回家的途中感知到危险想要报警，该怎么办？面对这种情况，最传统的做法就是拨打110。现如今，报警有了新方法：只需打开微信，搜索报警小程序，长按“报警”按钮即可。

这种报警小程序是真实存在的，如钦州警方与和腾讯合作推出了“钦州110报警”小程序，用户在遇到突发情况需要报警或者想要投诉举报的时候只需长按“报警”按钮即可，并且在按了“报警”按钮之后，用户还可以选择文字、图片、视频等形式对具体情况进行描述。

在“钦州110报警”小程序推出之前，国内部分第三方互联网商曾对与报警有关的服务方案做过研究，但因其中涉及的流程过多，使用频率较低而放弃。“钦州110报警”小程序使报警流程简化，并做到了用完即走，一经推出就获得了无数好评。

该案例说明借助微信小程序，各行各业都能根据自己的特点进行创新。受小程序“小”特点的影响，各行业在创新服务时无须考虑服务的全面性、多样化，只需要将服务聚焦在“如何发挥行业特点”上即可。

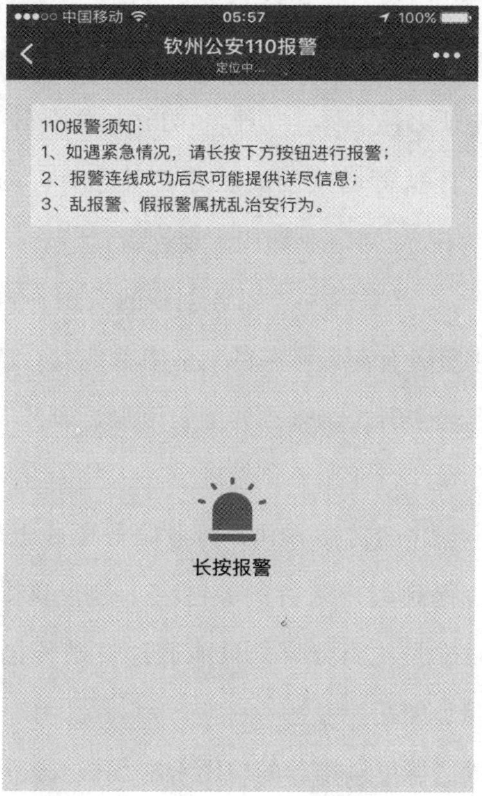

图1－7 “钦州110报警”小程序

行业不同，其应用场景也不同。以报警为例，这个应用场景注重时效性与描述的丰富性。如果用户在遇到紧急情况时采取拨打110的方法报警，可能会遇到占线的情况，错过报警的最佳时机；如果用户通过公众号报警，需要事先关注公众号，在报警时还需要打开微信、点击公众号菜单，操作过程非常烦琐；而微信小程序的一键报警则使上述问题得以有效解决，简化了报警流程，使行业应用得以有效创新。

在日常生活中类似的场景需求还有很多，如在等公交车的时候急需知道下一辆公交车还有几站才能到站；在上班时想告诉物业需要喷洒灭蚊药水却早已走到小区门口；等等。如今，这些场景都能通过小程序实现创新应用：例如，用户只需在公交车的站牌位置扫描二维码就能获知公交车的位置信息；在小区门口扫描二维码就能给物业留言。

线下的场景需求多种多样，传统的APP和公众号无法实现全覆盖，微信小程序的诞生让这种场景创新服务变得触手可及。受微信小程序“小”的特点的影响，任何行业都能实现创新。

在这种形势下，“互联网+”服务创新的实现不再依赖于互联网公司，任何对本行业服务有深入了解的从业者都能自行通过小程序进行创新。从这种发展形势来看，未来在警务、医疗、政务等公共服务领域会出现众多小程序专家及行业服务创新的领军人物。

另外，借助小程序的传播方式，行业服务模式也能实现有效创新。一项创新服务能否得到用户认可的关键在于是否获得了大量用户的推荐。小程序不能通过朋友圈分享，只能通过口碑传播（在微信群体里推荐）让用户知晓、使用。

而那些能在微信群里被推荐的应用都必须极具使用价值，因为只有用户自己觉得用着好的应用才会在微信群里推荐使用。这样的社交推荐极具价值，能充分体现出行业创新特色。所以，小程序的行业创新特色越浓郁，越能被用户信赖，越能得到用户的推荐。

◎ 激活公共服务，优化资源配置

人们在外出的时候经常有找寻公厕的需求。一般来说，人们找寻公厕的方法是询问路人。虽然这种方法的使用频率最高，但这种方法的使用效果却并不好。因为很多公厕的位置比较隐蔽，仅靠路人指点并不能顺利地找到。在这种情况下，人们就需要一个公厕导航系统来帮忙。现如今，“通勤助手”小程序上线成功解决了用户的“寻厕难”问题。因为“通勤助手”不仅能实时为用户提供路况信息，还能帮助用户找厕所，并为用户提供导航服务，解决用户的“急事”。

图1－8 “通勤助手”小程序

“通勤助手”小程序一经上线就吸引了大量用户，也获得了各城市环卫部门的追捧。因为，很多公厕的位置都较为隐秘，经常出现“行人找不到公厕，公厕无人使用”之类的尴尬情况，致使公厕利用率不高，城市公共资源无法得到优化配置。如今，借助“通勤助手”小程序，这些问题得到了有效解决，行人能轻而易举地找到公厕，公厕的利用率得到了有效提升，城市公共资源也得到了充分利用，一举多得。

由此可见，依托微信小程序，多种公共服务能得以有效创新，“互

联网 +”环境下的行业资源配置有了新思路。在过去，公共服务之所以没有得到充分利用，其关键原因就是服务没有与用户实现有效对接。而服务无法与用户对接的原因有很多，如服务与用户的对接需要网站及APP，这些都需要耗费大量的成本；服务涉及很多用户账号体系模块、安全模块、支付模块等，一旦哪个模块出现漏洞就很难与用户成功对接。

即便能与用户成功对接，也很难带给用户优质的应用体验。举例来说，如果某环卫部门为提升公厕的利用率，给用户寻找公厕提供方便而自行开发一款 APP，不仅需要考虑不同机型的适配问题，还要考虑屏幕分辨率问题等等。仅靠环卫部门的能力，这些问题很难得到有效解决，开发出来的 APP 也会漏洞百出，使用户的使用体验深受影响，用户一旦感觉使用效果不佳就会直接卸载应用。由此可见，行业对接用户不易，活化公共服务更不易。

但在小程序的帮助下，行业对接用户变得异常简单。因为在微信平台上，四大基础能力——LBS、支付、安全和云都已具备，可供行业用户现取现用。同时，小程序已经对丰富的开发框架做出了精确的定义，使开发流程变得更加容易。另外，腾讯还为其提供了新技术对接服务，如电子核验身份、人脸识别验证等，各行各业无须借助外力就能轻而易举地完成小程序开发，能有效降低开发成本、缩短开发时间。当然，最重要的是，微信用户对微信使用已非常熟悉，这种熟悉度会沿袭到小程序中，增强用户对小程序界面的好感。

借助微信小程序实现行业与用户的对接，无论对从业者来说，还是对用户来说，其体验都非常独特，协作的创新性与可能性都能得以有效增强。例如，某医院的医生想了解一种罕见病，同一个群中的其他医生、专家就可以通过专门的小程序将这种疾病最新的患者案例分享给他，而且这个案例不是过去那种静止的数据，而是最新的、变动的患者体征数据，基于这一数据医生可以展开讨论、进行会诊等。由此可见，小程序还具有“鲜活”的特性。而在这种特性的影响下，“互联网+”环境下展现出来的智慧愿景都将逐一实现。

小程序为人们开启了一个更加宽广的虚拟世界。换言之，当人们手持手机与周边的生活场景接触时，就可以通过手机直接获取信息，真正实现触手可及。正是受该特点的影响，小程序为“互联网+”开启了一片蓝海。借助小程序，线下场景应用更加便捷，场景创新更具特色，场景服务更加优化。从现状来看，虽然目前小程序的开发主体多为互联网公司，但未来将有更多行业与公共服务参与到小程序的开发中来，对场景进行创新，提升用户的应用体验。

◎ 小程序给用户和企业带来的价值

◆ 商业价值：重构互联网商业生态

1）微信将改变传统电商运营形态

目前，微信小程序主要通过扫描二维码的方式进入，其应用具有明显的场景化特点，为了扩大线上推广，将有越来越多的商家投放小程序二维码来吸引用户的关注。从这个角度来分析，小程序与传统移动应用是相容的，而支付宝则会面临严重的挑战。

从小程序的功能及其作用来看，小程序的应用如同“线下的淘宝”。微信此次推出小程序举动说明，其发展有望使传统的网络应用形态发生彻底改变。未来，包括网站、移动应用程序以及实体商店在内的运营形态，都将被纳入到微信的小程序当中。

2）当地的生活类小程序有望受到青睐

位于某个区域范围内的生活类小程序，以当地的消费者群体为中心，向用户输出优质的服务内容，不断完善其线上服务，与用户保持密切互动关系，从而提升其消费体验。部分客户需求量大、光顾频繁的商家，如当地的连锁超市、百货商场、银行等都将推出自己的微信小程序，更好地服务于用户。

3）带来更多创业机遇

微信订阅号的推出，促进了内容创业，给初创企业带来更多发展机遇；微信服务号则帮助企业通过微信平台向用户提供服务，进一步推动了企业的发展。微信小程序能够与多元化场景相结合，使企业在线上渠道进行业务拓展，更好地满足用户需求。因此，微信小程序发布后几个小时，就有服务厂商向商家提供小程序对接公众号的服务，并以此为主导业务开展运营。

微信小程序的推出，便于商家通过线下场景化的方式获取用户。如今，用户的时间呈现出明显的碎片化特点，只有将产品最关键的部分呈现给用户，才能使其首次体验之后认可该产品。

相比于传统的应用程序，小程序的启动更加简便快捷。不仅如此，以猫眼、滴滴为代表的工具类小程序，用户可以通过微信账号登录并进行各类操作，使企业通过高效服务获取更多的用户。

◆ 用户价值：解决互联网最后一公里

将桌面上那些使用率低，又必须有的 APP，如 12306 等移到微信小程序，清理桌面、释放内存，是现阶段微信小程序带给用户价值的主要论调。事实上，微信确实有先天的优势，能将一些 APP 移动到微信小程序列表中。

那么，将 APP 放到桌面上与放到微信小程序列表中有何不同呢？从使用体验层面来看，上述两种安置方法并没有多大的差异。从短期来看，将 APP 放到微信小程序中的做法确实释放了手机内存，解决了“APP 太重”的痛点；但从长期来看，这种做法并没有为用户带来多大的好处。

所以，解决“APP 太重”的痛点，释放内存并不是微信小程序带给用户最重要的价值，其最重要的价值可能是“解决互联网最后一公里”，让互联网切实覆盖生活的方方面面。

开发一款 APP 需要消耗大量的资金，很多小型商户和机构的资金实力有限，无力开发 APP，也没有必要开发 APP。但是他们却需要为用户提供更优质的服务，在这种情况下，他们就可以选择微信小程序。例如，咖啡厅想要为顾客提供更优质的积分管理服务，不能自主开发一款 APP，就可以借助微信小程序来达到这一目的。

以奔驰公司为例，用户购买汽车之后，其与公司的联系只能通过 4S 店完成。若奔驰公司为做好售后服务专门开发一款 APP，不仅会消耗大量的成本，还需要考虑用户是否会下载、使用等问题。但是借助微信小程序，奔驰汽车无须开发 APP 就可与用户实现直接连接，在线上为用户提供优质的服务，只要用户关注它即可。

总体来看，这些微信小程序都有一些共同点：第一，以原有的产品或服务为基础；第二，在不需要的时候非常安静。用户不会无缘无故地关注某个机构的小程序，一定是先使用了这个机构的产品感觉满意之后，为获得更好的服务才关注这个小程序。而小程序又不具备内容传播属性，所以，企业不能借助小程序进行内容传播和推广。

◆ 企业价值：降低企业开发成本

企业开发成本的降低主要表现在两个方面：

第一，在一定程度上解决了不同平台之间的不兼容问题，企业无须为了适应不同的操作系统开发不同版本的软件，节省了资金成本、时间成本和人力成本。

第二，微信小程序使用 JS 语言，相较于 JAVA 等语言，更加简单、易行。

在这里需要注意的是：微信小程序并没有降低 APP 的创造门槛，只是提升了创造效率，缩短了上架时间而已。

如果融入微信小程序中的传统 APP 太多，这些 APP 依然会面临相同的竞争环境，需要争抢用户流量，这个环境与应用宝并没有多大差异。甚至，相较于位于用户手机桌面来说，处于微信小程序之中更加大了其传播难度。

因此，在现阶段，摆在传统 APP 面临的问题是：进入微信小程序并不能获得多大的好处，但是不进入微信小程序，其流量就很有可能会被竞争者抢走。

1.3 圈地围城：小程序背后的微信商业战略逻辑

◎ 小程序承载了微信怎样的野心

2017年开年之际，微信小程序正式上线，掀起了话题热潮。对于小程序，张小龙做出了如下解释：小程序是一种无须下载安装就能使用的应用，做到了触手可及，用户只需扫一扫或者搜一搜就能打开应用；做到了用完即走，用户无须担心安装太多应用占用手机内存。小程序的出现让各种应用变得无处不在、随用随取、用完即走。

微信平台此前推出的服务号经过一段时间的运营，并未取得显著的成效。此次，微信团队再次采取重量级措施，推出小程序。早在小程序于2016年11月进行公测时，业内人士就展开过热烈的讨论，纷纷发表自己的观点。那么，小程序的推出，会使电商行业的发展发生哪些变化？是否能够对其以往的布局产生颠覆性影响？中小企业及创业团队会面临哪些机遇？

在应用微信小程序时，用户无须提前下载到自己的手机中，能够随时随地通过搜索或者扫描二维码的方式启动。不仅如此，用户在使用结束之后可以立即退出，不用卸载，小程序也不会占用太多的手机空间，能够使用户突破时空因素的限制，方便其应用与操作。

立足于小程序的上述特点进行分析，可以总结出微信的战略方向如下：微信曾提出“连接一切”的目标，具体是指占据移动互联网流量入口的核心地位，此次微信推出的小程序能够使微信平台发挥应用入口的价值，由此可以看出，腾讯旨在通过小程序实现微信流量的商业价值挖掘，并进一步拓宽生态体系的覆盖范围。微信平台通过推出小程序，朝操作平台的方向发展，将有越来越多的终端应用通过微信进行分发与推广，开发者也会改变原有的发展路径，对自身运营方式进行改革。

那么，微信推出小程序，旨在包括哪些战略层面的布局呢？在这里总结如下几点：

★ 增加主流 APP 的连接渠道；

★ 将低频 APP 纳入到微信生态体系中，节省手机空间；

★ 降低企业在 APP 开发方面的成本消耗，通过小程序的运营，依托互联网优势，方便企业与用户之间的互动；

★ 企业将会推出更加多元化的服务，满足用户的个性化需求；

★ 依托微信的庞大流量基础，满足用户的小众需求。

腾讯及微信团队除要发挥微信平台的社交功能，方便用户进行沟通互动之外，还想以此为切入点，为用户提供更多的服务，提高用户的使用频率，增强用户黏性，使微信平台能够与操作系统处于同等竞争地位，也就是说，社交应用不仅仅是面向所有用户开放的沟通软件，更有可能成为一款包含生活服务、游戏娱乐及购物平台在内的综合性应用。

所以，微信平台推出小程序的目的是，承载长尾服务与游戏之外应用场景，进一步完善微信的生态体系。

要分析微信小程序中蕴藏的商机和潜力，就应该提前认清微信团队的思路布局及其产品推导历程，所以，在这里我们来梳理一下微信订阅号、服务号与小程序的对比。

在小程序推出之前，微信运营的有订阅号、服务号与企业号，微信的支付功能可与服务号、企业号结合，方便用户进行线上交易。

无论是微信订阅号还是企业号，在开发过程中应用的都是 Java Script 的 HTML 5 标准，所以，这两种形态的服务相当于网页，只要不违背微信开发原则即可。其中，HTML 5 的局限性比较低，所以，很多商家通过订阅号与服务号发布产品推广信息；而且，以网页形态向用户提供服务，导致用户体验不佳，无法与 APP 相提并论。

然而，要想推出移动终端 APP，就要解决兼容性适配的问题，不仅如此，开发者还要对 APP 的兼容性进行持续性改造，使其能够在操作系统中正常运转。

相较于传统 APP，微信小程序的开发则要简单得多，开发者无须克服其适配性问题，唯一要做的就是遵循小程序的开发原则，所有能够下载微信的手机，都能保证微信中的小程序保持正常运转状态。从这个角度来说，小程序不仅是一种开发语言，也是微信中面向所有开发者的开放平台。

◎ 小链接时代：全面释放微信价值

在中国互联网市场，BAT 三巨头之间的流量入口之争越发激烈，而掌握了微信这一亿级用户流量入口的腾讯，近年来开始逐渐思考如何利用这一工具打造属于自己的闭环生态。所谓闭环生态，如苹果公司就是通过 iOS 系统、智能手机等构建出的闭环生态，创造出了海量的价值。

微信月活跃用户人数已经达到了 8.46 亿人，在全球化探索遭遇 Facebook 等社交巨头阻击的背景下，其用户人数增长速度显然已经进入了到了一个瓶颈期。当然，对于微信而言，其在中国市场已经不必再追求用户的高增长速度，眼下最重要的是想办法留住这些用户，并在此基础上发掘用户群体的潜在价值。

小程序的出现就是为了实现这一目标，它将那些需要下载安装才能使用的应用产品集成到微信端，让用户能够无须安装、即用即走、无须卸载，极大地拓展了微信的入口场景，从而通过微信为腾讯构建一个闭环生态。

事实上，百度此前也曾尝试过类似微信小程序这种产品，其在 PC 端推出的轻应用、在移动端推出的“直达号”，都是为了实现这一目标，但最后都没有取得成功；阿里巴巴也一直在尝试依托其亿级流量应用支付宝打造闭环生态，但也未能取得成功。

从目前的实际情况来看，刚需、高频应用产品由于对功能及服务体验存在较高的要求，独立 APP 依然会是布局的重点，其背后的运营方更多的是将小程序作为一个服务号，以此来接触更多的消费者。但是对于那些需求较少的低频应用产品则不是如此，依托于腾讯的小程序，企业可以开发一个轻量级的应用，用户只需要搜索或者扫描二维码即可使用，不用下载安装、即用即走，也为企业节约了大量的开发及运营成本。

在腾讯打造的这个闭环生态中，强大的应用产品需要借助微信来拓展应用场景，而式微的应用产品则需要借助微信来更加高效地接触广大用户。这也反映出了国内当前的移动互联网发展现状：各行业巨头对于移动流量的垄断性越来越强，垂直、长尾流量会是接下来争夺的重点。BAT 三巨头谁能先完成这一领域布局，很有可能就会将其他两家彻底甩在身后。

很多用户之所以会抱怨微信朋友圈内的“鸡汤文”、营销广告，很大程度上就是因为人们是将它作为一个社交工具，当然它如今也是一个支付工具。用户希望它能够保持其社交体验，让人们能够进行快速、高效的交流沟通。但拥有 8 亿多活跃用户的微信，显然不可能仅想做社交或支付。

腾讯的逻辑是要用小程序将微信打造成为一个综合的平台，将大量的 APP 整合到微信中来，而且随着大数据、云计算等技术的不断发展，未来即便是那些高频、刚需的独立 APP 也有可能被整合，最终用户只使用微信即可。微信的社交是人与人之间的连接，而小程序则是人与服务之间的连接，一旦超过 8 亿用户能够和各种服务实现对接，即便只是“代充话费”这种简单的服务，也能让腾讯获取巨额的回报。

在移动互联网时代，用户数据将会是一笔宝贵的无形资产，无论是国内的 BAT，还是国际上的亚马逊、苹果、谷歌、Facebook 等都对大数据表示出了浓厚的兴趣，并纷纷在这一领域进行了重点布局。腾讯手中拥有的主要就是社交数据，而百度与阿里巴巴分别掌握着搜索数据与电商数据，毋庸置疑的是，社交数据的非结构化特征会更为突出，数据的搜集、分析、应用等方面的成本明显更高。

而小程序在能够让用户直接使用微信账号免登录获取各种优质服务的同时，也为微信更为高效、低成本获取用户的需求数据打下了坚实的基础。这在有效解决单一的社交数据开发成本较高这一难题的同时，也让微信的商业价值得到了全面释放。

现阶段，微信对于小程序的用户体验十分重视，例如，不会主动向用户推广程序，不会为了流量分发而推出小程序应用商店等，这也吸引了部门企业通过开发小程序来为用户服务。另外值得注意的是，小程序不能被分享到朋友圈，其逻辑在于：一方面微信不想让小程序成为下一个“微商”；另一方面，也不想让它与社交之间建立起较强的连接。

在见证了诸多的新模式与新产品死亡后，腾讯开始强调回归商业本质——重视产品本身的价值，那些真正为用户创造价值的产品及服务才能长期存在，才能被用户认可并融入他们的生活和工作中。当然，随着小程序数量的不断增长，腾讯会不会进行流量分发？目前还很难给出确切的答案。在小程序的探索方面，腾讯十分慎重，毕竟百度与阿里巴巴在这方面的尝试都未能取得预期效果，因为太过激进而影响用户体验显然得不偿失。

小程序的存在也让我们对未来的移动互联网有了一个憧憬：专注于为用户创造价值的小程序带领我们走入了一个“小链接”时代，商家将更加注重产品的质量与服务体验，而不是狂轰滥炸式的营销推广，用户将为那些充分满足自己个性化需求的优质产品及服务埋单。

◎ 如何实现商家与用户的精准连接

2017 年 1 月 9 日，微信小程序正式上线，一时引发各方关注和热议：众多用户积极体验这一轻应用模式，甚至认为“手机中的所有 APP 都可以卸载了”；各商家则“摩拳擦掌”，想着如何通过小程序更好地进行引流变现和构建新商业模式……

那么，微信小程序到底想做什么？它又能为用户和商家创造何种价值呢？

微信创始人张小龙指出，小程序的初衷是实现应用触手可及、无须安装、用完即走。显然，这将对 APP 应用市场带来巨大的冲击。另一方面，2016 年苹果 APP Store 的创收为 280 亿美元，众多 APP 开发者从中获得了不菲的收益。这也是为何小程序在受到追捧的同时又引发互联网业界诸多“哀嚎声”的原因——商业模式的颠覆创新虽然开拓了新的方向和空间，但也意味着旧业态的洗牌甚至淘汰。

不过，就微信自身而言，并无意去颠覆 APP 应用市场，或者说它研发小程序的动机不在此处。张小龙提到了小程序的两个线下连接场景：公交车扫码获得实时到站时间；汽车站扫码购票。微信团队指出，这两个场景都属于弱连接，即用户再次使用可能要过一个星期、一个月甚至更长时间；同时两个场景与线下紧密关联。从这个角度来看，小程序是一种更适合从线上到线下的新连接方式。

另外，小程序既不能推送消息，也禁止分享到朋友圈，其背后体现的是“用完即走”的理念：当用户不需要时，就不要去打扰用户。

腾讯对未来互联网和自我发展的定位是“连接一切”，微信、小程序都与这一大的战略目标相关。当前，人与人、人与服务、人与商业的连接已经较为成熟，而人与物品的连接则相对滞后。对于无法电子化、数字化的物品，最便捷的连接入口是二维码，而小程序想要做的正是以二维码扫描为核心入口实现人与物品的精准、高效连接。

小程序可以通过线下扫描二维码、精准搜索或朋友点对点、点对群分享的方式进入，但无法通过识别二维码图片进入。这意味着小程序对线上导流进行了限制，以避免对用户造成“骚扰”。

另外，小程序也让用户手机得以“减负”，特别是对于手机内存较小的用户来说更具吸引力。那些使用频率不高的 APP 肯定会被卸载以节省手机存储空间；不过对于用户经常使用的高频 APP，小程序能否实现完全替代还有待进一步观察。

当前，去哪儿、携程、摩拜单车等诸多 APP 都已推出了自己的小程序。不过，这些小程序在功能上并不完备，无法完全取代 APP。当然，这并非小程序本身的问题，而是很多 APP 和商家出于争夺流量入口的考虑而“有意为之”。因为随着互联网商业市场中流量获取越发困难，任何商家都不会愿意将流量入口拱手让人。

从用户的角度来看，小程序的出现提供了一个新的获取服务的入口，然而这一服务接口要完全取代以往的 APP 入口，至少从当前来看还不太可能。因为相比直接点击 APP 获取服务，使用小程序则要“打开微信—发现—小程序”，然后才能找到使用过的小程序获取相应的服务，这显然使服务获取流程复杂化，与用户的简便性诉求相悖。

小程序的出现引起了业界的广泛关注，特别是一些订餐、旅行、出行等易于工具化的服务类 APP 更是首批研发上线小程序的主力。然而，小程序没有订阅关系和粉丝、在微信中没有集中入口、没有应用排行和收藏，只有访问量和访问记录。这虽然为用户提供了更好的应用体验，却也为众多依靠微信生态存活的小企业和商家带来了巨大的挑战。

线上方面，微信团队指出，小程序比较适用于工具性的低频应用。从这一意义而言，小程序与服务号体系相似，都是连接内容以外的东西。产业方面，应用开发将成为受小程序影响最大的领域，甚至整个产业生态格局都将被颠覆重组。特别是以往借助 APP 爆发成长发展起来的程序外包企业，既面临着行业规则改变带来的巨大挑战，也会获得小程序拓展的新的发展方向和空间。

从当前来看，苹果 APP Store 由于并没有像安卓系统那样支持小程序，因此，短期内 iOS 系统生态下的 APP 开发者并不会受到多少影响，但安卓系统下的应用市场生态必然会随着小程序的出现和快速发展发生巨大改变甚至是重塑。

小程序的价值和影响将更多地体现在线下连接方面，这也是微信的初衷：将小程序打造成线下弱连接入口。在流量获取成本不断抬升的背景下，小程序能够帮助商家在短期内吸引更多流量，降低获取客户和开发应用的成本。不过，随之而来的问题是，商家的流量入口将由另一个渠道商掌控，不利于企业的长远发展。

借助微信本身庞大的用户规模，小程序必然会在业界引发新一轮的商业变革。小程序关注线下和弱连接，表明国内移动互联网领域开始走向成熟和理性，将更多关注点放在了细微应用和服务上，争夺内容也从过去的高频刚需转向低频刚需。

◎ 如何看待小程序未来的商业发展

◆ 小程序未来的定位

1）解决“互联网最后一公里”难题

现阶段，打通“互联网最后一公里”应该是微信能做的最有价值的一项工作。从目前的发展形势来看，未来，在微信小程序的各种应用中，低频刚需应用、工具类应用所占比例应该会相对较大。

再加上现阶段微信小程序的开发成本较高，为了打通“互联网最后一公里”，未来可能会开发一些内容编辑、账单管理、消息回复等方面的功能，届时，任何一个体都能拥有一款属于自己的 APP 来提升管理效率。

2）大胆尝试，小心管制

在微信小程序推出之后，各传统 APP 都要开始筹划开发小程序版本，用户也要开始尝试接受这个功能，微信也要对小程序的未来发展问题进行深入思考。

关于小程序的未来，微信需要面对很多未知的问题，如哪些 APP 能在微信小程序中存活？对于这些 APP，用户的反应是什么？这些问题既是未知问题，也是亟待 APP 与用户去验证的问题。

如果在应用的过程中，用户体验不佳，微信就要承担用户流失的风险；APP 亦是如此。被纳入微信小程序的 APP 可能会迎来使用高潮，但是之后也可能会遭受微信管制，甚至会面临下架的风险。

从目前的使用情况来看，小程序被用户关注的途径与微信公众号无二，都依赖于“搜一搜”“扫一扫”，不会出现排行机制和推荐机制。

如果微信能在这场变动中保持理智，那么那些入驻的小程序应用所处的地位就相对劣势。起初，会有一大批小程序获取大量用户，但最终，或许这些小程序要么自然消亡，要么被强制下架。在这些小程序牺牲之后，一个由通信社交、生活服务、内容咨询构成的新生态就会随之出现。

小程序的推出，无论是受苹果品牌的影响，还是微信的自然选择，这一更名都非常契合微信长期以来秉持的价值观——以用户体验为中心，坚持创造产生价值，致力于将商业置于无形之中，构建新生态。

◆ 小程序的未来发展前景

小程序作为当下的一大热点，是否真能像广大媒体报道的那样，具有改变世界的强大能量，还是微信主导的一场闹剧？如果从短期来看，其效果恐怕不是很理想，但未来的发展前景却是相当广阔。

要分析小程序的未来，我们不妨对比一下百度曾经推出的直达号。很多人在微信官方透露小程序的信息后，首先就是联想到了百度的直达号。在功能及服务体验方面，百度直达号和微信小程序之间并没有太大的差别，但直达号最终却走向失败。至于直达号为何会走向死亡，其原因主要有三点：

1）布局方实力的差距，百度在移动端的影响力比腾讯要逊色得多，腾讯不但有微信，而且有手机QQ。可以说，百度在移动互联网的布局相当不理想，这也是此前有很多人分析百度已经落后于阿里巴巴与腾讯的部分原因。

2）入口。用户使用直达号的渠道是“搜索与@”，但搜索明显不应该是线下商家提供服务的线上入口，而微信小程序在未来同样也不会依赖搜索获取用户。

3）用户习惯。以用户服务为主打功能的线下商家开发的小程序要有一套完善的服务体系才能吸引用户，但百度直达号当时的情况是：在线支付并没有得到大规模推广普及，用户能够获取的服务种类相当有限。

再来看小程序，微信对小程序投入了大量的资源，在媒体的参与下，小程序的热度不断增加，所以，我们看待小程序要更冷静、客观。小程序未来的发展总结为一句话就是：短时间内小程序的发展不会很理想，不过未来却具有相当广阔的发展空间。

之所以做出这种判断，主要是出于两个方面的原因：一方面小程序需要有配套的使用场景，明显侧重于线下服务；另一方面，小程序发展的关键在于覆盖范围、服务体验等因素，而不是说要用多个热门小程序去带动。

小程序刚上线时，各路玩家都想尝试能否通过模式红利获取价值，市场上可能会出现各种类型的小程序，但用不了多久，当小程序的热度逐渐退却后，那些不符合用户使用习惯的小程序将会走向灭亡，而且很多线下商家对于小程序本身也缺乏足够的了解，要让他们开发小程序会相当困难。所以，在短时间内，小程序的发展恐怕很难达到预期的效果。

未来的发展前景广阔，主要就是因为小程序的理念符合未来应用的发展趋势。而且随着科学技术的不断进步，会有越来越多的线下服务与小程序实现对接，未来层出不穷的各种智能硬件设备也会为小程序实现“所见即所得”的终极目标打下坚实的基础。从这一点看，小程序将比公众号与APP应用的潜在商业价值更广阔。

此外，很多人对于阿里巴巴会采取的应对措施相当感兴趣，认为微信的小程序可能会让阿里与其支付宝的地位遭受冲击。因为此前将人与服务实现对接向来是腾讯的短板，如果小程序能够成功，这一短板将会得到彻底解决甚至会变为一大优势。反观支付宝对于将人与服务对接起来也投入了大量的资源，但目前的发展效果也不是很理想。

当然，不只是微信可以搭建小程序平台，阿里巴巴的支付宝目前也在尝试。小程序布局的关键在于与同线下场景对接的精准度，谁能接入线下提供优质服务的场景，谁就能取得最终的胜利。微信通过社交延伸出了朋友圈、公众号、支付等模块，而支付宝则强于支付，能触及的场景会受到较大的限制。

第 2 章　从入口到生态：引领全新的商业生态法则

2.1　轻应用 vs 大生态：重塑移动互联网生态格局

◎ 开放战略：以轻应用构建平台生态

如今，产能过剩已成为一个普遍性问题，于是全球范围内出现了很多“轻公司”，这些公司均定位于“轻资产、轻模式、轻体量”，选用整合模式，卡位“微笑曲线”。同时，也有很多合作人选用“轻合伙”模式，使用一个品牌，独立创业又相互合作。

另外，还有很多“轻应用”，利用平台生态在全球范围内迅速扩散。一时间，“轻模式”成为资本新宠，并衍生出一种生态惯性——越“重”的大平台，越会构建“轻”生态。微信与小程序就是其中的典型。

小程序是微信发展、成长的产物，这个生态圈成长与发展的案例值得所有国内互联网界人士、企业家和投资者关注、学习和研究。在这个时代能见证这样一款产品的诞生可谓是一大幸事，从一个点到一条线，最后到一个系统完整、内容丰富的生态圈，微信对中国企业未来的发展方向及投资方向有重要的指向作用。

从一款社交软件的信息联通到现如今的购物、打车、办公等功能的实现，微信的功能日益强大，微信用户群体规模也急剧膨胀，人们在微信上花费的时间越来越多，这些成就无一不令人赞叹。面对微信所取得的这些成果，张小龙引领的微信团队在欣喜之余却在思考，如何减少用户在微信上消耗的时间？如何让产品无处不在又能减少人们对它的依赖？如何“轻化”那些用完即走的场景？

从这个角度来说，小程序对于微信来说，最大的意义就在于它能尽可能多地与那些入口级的轻应用场景成功连接，鼓励更多开放环境中的创业者消耗最低的成本在任意一种消费环境中搭建属于自己的服务入口和通道。这一设想的实现对腾讯推行和落实开放战略具有关键作用。

如今，全球排名前 10 的互联网企业，4 家在中国，6 家在美国。由此可见，在互联网应用方面我国处于领先地位，与美国相差无几，但平台基础建设方面的差距却非常大。微软 Windows 系统、Linux 体系，Saas 操作系统都发源于美国，美国在 IT 平台基础建设方面的实力无人能及。产业基础决定行业标准，中国互联网的产业难以赶超美国，平台基础建设能力薄弱是根本原因。

如果中国的企业能研发出自己的系统，那么中国互联网产业的发展水平必将更上一层楼。那么，国内哪个企业会成为第一个吃螃蟹的人呢？是拥有 OS 系统的阿里巴巴？还是不断创新的小米？从目前的情况来看，最有可能率先研发出操作系统的国内互联网公司很有可能是腾讯，是微信引领的新生态。为何做出这种论断？因为，现阶段，在全国，甚至在全球范围内，腾讯都是利用“互联网+”技术连接人、信息和商业的典范。

小程序的推出是微信以轻应用构建生态圈的战略选择。相较于小程序来说，APP则属于重应用，具有三大痛点：

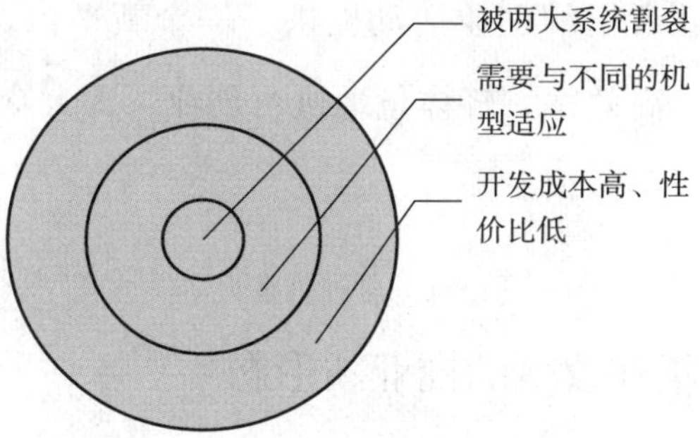

图2-1 APP面临的三大痛点

1）APP人为地被Android系统和iOS系统割裂，在这种情况下，如果某企业想要开发一款APP就必须设计两套系统，在人力和物力方面会产生极为严重的浪费；

2）APP开发出来之后，要与不同的机型相适应，尤其是要与Android系统相适应，增加了产品迭代更新的成本；

3）如果APP的功能不强大，不能实现持续、高频地利用，且无法被一般的轻应用所取代，为这种需求开发APP所支付的成本会非常高，但性价比却非常低。

基于这三大痛点，APP的推广非常矛盾。

小程序是人们以完成基础连接的微信生态为基础，开发出来的场景小应用，这些小应用通过流量分红获利。进入O2O 2.0时代之后，无数

O2O 公司销声匿迹，但消失的仅是公司而不是 O2O，只不过其变成了轻应用发展罢了。消耗大量的资本支持一家大公司发展很难，但是消耗资本支持某个微信小程序开发却是一件非常容易的事情，基于此，无论是红利分配模式还是创业生态都实现了创新。

对于腾讯的开放战略来说，微信小程序的诞生是一场新兴的革命，该革命兴起于 O2O 2.0 时代之后，其基础是轻应用创业生态；同时，微信小程序也为创业者们的创业活动提供了一个新平台，在这个平台上，创业者能低成本、高效率、轻体量地进行创业，为大众创业、万众创新提供一个新的路径和出口。

◎ 生态进化：正在改变的商业新形态

微信小程序作为微信功能的组成部分，与微信订阅号、服务号等不同，概括而言，微信小程序即纳入到微信平台中的应用程序。从表面上来看，微信小程序的形态与传统 APP 之间存在相似之处，只是比传统 APP 更加精简，只保留了其核心功能。

从根本上来说，微信小程序就是基于 Web 的应用（Web APP）。因此，早在小程序未正式推出之前，就有很多企业通过 Web APP 一键开发平台“即速应用”（jisuAPP. cn）进行小程序开发与设计。如今，小程序已经正式上线，这些企业就能从容应对，而不会因为提前没有准备好而错失良机。

◆ 依赖朋友圈维持运营的微商群体

在小程序未推出之前，很多微商的发展都十分艰难。微信小程序的推出，为其发展带来了商机。在传统模式下，大部分微商为维持自身运营，会在微信朋友圈中持续发布推广信息，或者采用分销模式，导致很多用户对微商产生了排斥心理。如今，小程序的推出能够给微商提供平台支持，未来，微商行业的布局可能会因此发生改变。对微商从业者来说，能够通过微信平台显示其微商店铺，无须在朋友圈中频繁发布推广信息，用户产生需求时也能快速进入，可大大提高其成交率。

当然很多微商会因此受到冲击，最终被迫退出市场，只有那些能够及时做出调整，使自身运营和发展符合整体趋势、能抓紧时机采取措施的微商，才能坚持到最后。从这个角度来说，对微商群体而言，小程序的推出不仅能为其开拓发展道路，也能使其发展面临更多的阻力，要想在激烈的市场竞争中生存下去，就要学会转换思维角度，及时采取有效的措施。

◆ 公众号运营者

长期以来，微信平台的服务号与订阅号因缺乏创新性而受到众多业内人士的质疑。如今，微信小程序发布之后，微信的传统生态布局将发生改变。凭借优质内容输出获得发展的自媒体与企业仍然可以通过订阅号维持自身运营，那些在沟通方面提出较高要求的品牌企业可通过服务号获得发展，以服务提供为主导业务的企业则会选择推出自己的小程序。与此同时，一部分公众号运营者也会加入到小程序运营行列中来。

如今，微信小程序的发展正处于上升时期，公众号运营者应该结合自身情况，决定企业未来是通过订阅号与服务号开展业务，还是通过小程序为用户提供多元化的服务，以小程序为核心开展业务。

◆ 品牌营销者

微信小程序的推出，同样会给品牌营销人员带来更多的机遇。专业营销人员都懂得，需要在用户分布集中的地方进行产品营销。伴随着移动互联网的高速发展及普遍应用，线上渠道逐渐成为品牌营销的主导区域。在后续发展过程中，越来越多的微信用户会热衷于小程序的应用，由此能够推测出，将会有越来越多的品牌营销者推出微信应用号，并借此扩大自身品牌的影响力。

对品牌营销人员来说，拓展营销渠道是十分关键的，只不过，在今天通过传统渠道进行品牌推广时，很难实现用户转化，在这种趋势下，可以将微信小程序作为新兴线上渠道开展运营。微信用户的庞大体量是非常诱人的，如果能够利用好这个基础，就能实现价值挖掘。

综上所述，微信小程序能够为运营者带来诸多益处，其推出能够推动微信总体战略的进一步实现。能够给微商群体、中小企业原生 APP 开发者、公众号运营者及品牌营销人员开辟新的发展道路，但在具体发展过程中，他们也要克服诸多困难。

在小程序开发方面，如果企业拥有足够的实力，完全可以独立推出，中小企业则可通过 Web APP 开发平台实现与程序的连接。有些业内人士认为，在今后的发展过程中，传统 APP 将会被微信小程序完全取代，这种说法未免有些夸大，不过，有一点是可以肯定的，即在前期做好充分准备的人，才能抓住小程序的红利期，推动自身发展。

◎ 优胜劣汰：小程序重构 APP 生态圈

近年来，很多原生 APP 都陷入了发展困境，用户下载到自己手机桌面上的APP，其背后必然有企业的强大实力作为支撑。相比之下，不少实力欠佳的中小企业为推出独立APP而投入不少资源，在APP上线后，却难以沉淀长期用户，最终的效果并不理想，根本谈不上盈利。微信小程序发布后，这些原生APP开发者再次得到了新生的机会。

以传统APP作为参照，Web APP在研发环节无须投入过多的成本。商家通过开发自己的小程序，既能减少开发环节的成本消耗，又能推出面向多类型用户的服务方式，并拓宽自己的盈利渠道，培养长期用户。为中小企业的原生APP开发群体提供更为广阔的发展空间。

需要强调的是，小程序对APP市场的影响不是劫难，而是加速器。微信小程序的出现会加速APP的淘汰速度。那些使用频率较低、用后即走、容易被小程序替代的APP会在短时间内被淘汰，相反，那些重度垂直、能自成生态系统的APP并不会受到严重影响，如支付宝、淘宝网等。因为这些APP的使用频率较高，竞争力较强，应用场景重度垂直，微信小程序很难对其产生颠覆性冲击。

此外，这种冲击早有预兆，小程序只是将这种冲击具体化、形式化，将其展现出来而已。在多年之前，谷歌公司就曾表明一个观点：未来的电脑不需要操作系统，只需要一块屏幕，或者只需要在人脑中植入芯片，在有Wi-Fi的环境下，一些操作都能在“云端”完成。这是SaaS所带来的颠覆。

在微软与谷歌相互较量的年代，人们就已对相对重资产的平台及架构有所了解。现如今，在互联网背景下轻应用可能引发的竞争，很多基于伪需求的APP会被催生出来，转化为轻需求，为小程序的开发提供依据和支撑。

在众包时代，在最重的平台上做最轻的创业是整个社会的追求。或许有一天，iOS和Android会比Windows更强大、更完善，以应用软件为例，虽然目前PC软件的数量非常多，但可能很快就会被iOS软件和Android软件赶超，这是互联网朝移动互联网转型升级的结果。平台会越来越重，公司规模会越来越大，但其上面每个创业APP都非常简单、轻便，以低成本、开放的心态构建竞争壁垒是这类公司最大的价值所在。

以苹果公司为例，目前，苹果活跃度最高的APP达千万，如果每个APP的开发工作需要5个人完成，则开发1000万个APP就需要5000万人。而实际上，苹果公司不仅不需为此招聘一名员工，还能从中获得利益分成。

当一家企业成为一个生态时，就好比一个森林生态系统中不仅有树木还有许多动植物，一旦这个生态崩溃，人们就要为之付出高昂的代价，所以这个生态系统不会轻易崩溃。成为生态的公司就是如此，其背后有一个强大的生态作支撑，使其不会轻易倒下。所以，现如今，很多大型企业都在思考如何构建生态，年轻创业者就要在这个庞大的生态中进行轻创业。

近年来，“轻”这一字在全球管理学界非常流行。在公司层面，有一本名为《轻公司》的书十分受欢迎；在合伙人层面，“轻合作”备受推崇，为创业者构建了一个舒适的合伙环境。轻公司、轻合伙、轻资产、轻创业、微创新，这些新兴的概念汇聚起来形成的企业级、生态级的“长尾效应”，将塑造大众创业、万众创新中的新格局。或许这些企业的影响力不大，也不会为税收做出多大的贡献，但其能在这个庞大的生态系统中汇聚越来越多的客户群体，这些客户群体的价值观相近，且具有重度垂直的特点。

从这个层面来说，小程序势必会给APP市场带来冲击，既会加速淘汰部分APP，也会加速完成部分APP估值。那些遗留下来的、被企业高度认可的公司，其估值会得以进一步提升。尤其在那些滥竽充数的公司被淘汰之后，存活下的这些公司的市场地位会更加突出，也会受到市场的更大重视。另外，在小程序诞生之后，APP 分发市场也会受到一定的影响。因为，微信本身就是一款 APP，所以其只隶属于重度垂直的再分发市场。

◎ 生态扩容：全球生态下的竞争利器

如今，腾讯公司的定位备受资本市场的关注。自移动互联网出现之后，TMT 资本、投资机构就频频出现，这些资本与机构随生态而生。传统的 TMT 投资公司刚开始面对微信时非常警惕，它们认为一旦微信封杀其所投资的公司，这些公司除了倒闭之外便别无出路。

基于这种种担忧，那些在微信平台上进行创业的企业的社会认可度都非常低，企业估值往往会大打折扣，总会遭受投资者的质疑，使很多创业者不得不表示他们会“两条腿走路”，即在微信创业的同时依然会坚持 APP。

为了改善这种情况，腾讯做出了诸多努力，例如：

腾讯公开表明自己的开放性，并保证不会窃取他人的创意。随着腾讯越发成熟，其开放性也越来越强。如果腾讯的开放程度够高，就会出现一批投资机构专门为微信小程序、社交网基础上形成的再创新平台投资。

腾讯在积极推行全球化战略。Android 和 iOS 面向的是全球市场，而微信面向的仅是国内市场，因此，以微信生态圈衍生出来的小程序与全球市场的 APP 对抗，其成功概率微乎其微。为此，腾讯必须推行全球化战略，实现国际化。现阶段，腾讯为此做出了诸多努力，如给印度等国外企业注资等。

消费习惯的改变源于创造者们的大胆设想。试想一下，未来，当用户被大量的 APP 包围的时候，或许会因为懒得下载而希望有一个能覆盖所有 APP 的应用，帮用户解决所有关于 APP 的问题，这个应用很有可能就是微信。

在社交领域，新浪微博与钉钉是阿里巴巴两个最重要的布局。事实上，不仅在中国，全球范围内的互联网巨头都在社交网络布局。在国内，其主要表现就是：阿里巴巴入主新浪微博，成为其大股东，布局社交网络；腾讯入主京东，成为其第一大股东，探索新的流量变现渠道。

互联网巨头在构建生态的时候往往会相互碰撞、产生交集，所采取的措施或许会极其相似，但又各有优势。在阿里巴巴的布局下，新浪微博会逐渐转变为传播社交互动平台，拥有高频和即时性的特点，这种转变是基于广圈层发生的。而微信社交是基于熟人圈层构建的，具有两大特性，一是泛影响力，二是熟人影响力。由此可见，新浪微博与微信的圈层定位有很大的差异。微信小程序则是微信流量再变现、服务功能生态圈再创新的衍生品。

阿里巴巴借助钉钉与微信对抗的实践以失败告终。但这并不意味着阿里巴巴在与腾讯的较量中落败，因为企业间的市场竞争刚刚开始，鹿死谁手尚未可知。就线下运营来说，阿里巴巴的能力及所取得的成果都要高于腾讯，钉钉的快速发展就依赖于线下运营推广。腾讯想要在此方面赶超阿里巴巴，最好的工具就是企业号和小程序，借助成百上千的小微企业与阿里巴巴这个巨头进行对抗。

小程序的推出符合时代发展趋势，是微信在新时代背景下一次正确的选择，是微信反思其价值与意义的产物，为全球 TMT 市场以社交网络为基础开展生态变革提供了一个新的机遇，必将催生出众多新资源、新岗位、新创业契机。

从推动社会发展的角度切入，小程序的诞生意义重大，其未来的发展令人期待。现如今，所有与“轻”有关的事物都备受推崇，轻资产、轻合伙、轻模式、轻公司等，虽然这些“轻”的实现需要付出代价，但它却是时代发展趋势的代表。

无论是阿里巴巴还是腾讯，这些致力于轻装上阵、自由前进的公司都令人尊重。我们希望国内这样的生态越来越多，希望有更多的创业者能在这些生态的引导下以更低的成本、更高的价值、更科学有效的方式进行创业。这种创业不仅对国家和社会有益，对投资机构也非常有价值。

2.2 引爆场景：去中心化，构建场景 O2O 一体化

◎ 去中心化：社交流量的商业变现

任何新事物的诞生必然是出于现实的需要，小程序同样如此。作为一种“比网站体验更优质，比 APP 使用更便捷”的新应用模式，微信小程序可以看作是 APP 与公众号的结合升华，在具备两者优点的同时又解决了用户在使用 APP 或公众号过程中的痛点。

因此，2017 年 1 月 9 日小程序一经推出便吸引了各方眼球和热议，甚至很多人认为小程序的诞生意味着新一轮商业变革的到来，意味着 APP 时代开始走向落幕。通过小程序示例以及之前内测时企业品牌开发的小程序应用体验，可以发现小程序确实满足了人们的去中心化诉求——用户需要时触手可及，不需要时便不会出现。这也是小程序坚持的“应用无处不在、用完即走”的理念。

具体来看，小程序的去中心化定位主要表现为：

1）入口的去中心化。微信平台中并没有特定的小程序入口和推送

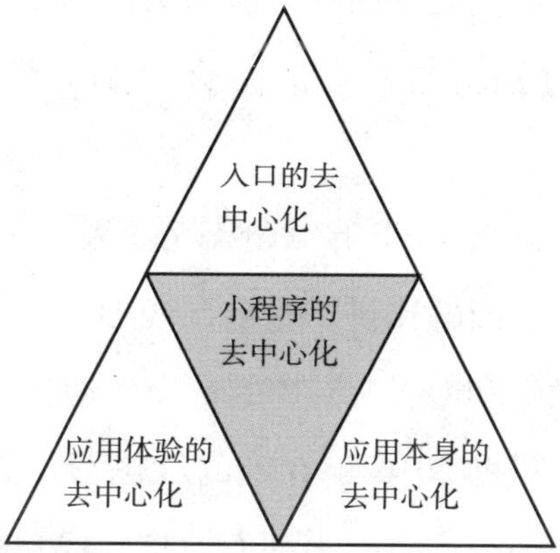

图2-2　小程序去中心化定位的表现

中心，用户需要小程序服务时，可以通过线下扫描二维码或者在微信系统中通过精准搜索的方式进入。如此，小程序入口便是一种去中心化的形式，用户完全可以自主选择小程序入口。

2）应用体验的去中心化。小程序不仅在入口方式上表现为去中心化，在具体的应用体验上也同样如此。当用户搜索过或使用过某个小程序时，这个小程序便会出现在相应的列表中，即在微信系统上拥有了一个应用入口。不过，这一入口并不需要下载、安装、卸载，而是可以"用完即走"，从而为用户提供一种去中心化的体验。

3）应用本身的去中心化。小程序本质上也是一个APP，只不过与以往的品牌APP客户端相比，其APP是一种去中心化的应用，即只保留各品牌最核心的产品或服务，将其他的多元化功能去除，以此大幅提高用户效率。从这一角度而言，小程序对凸显、优化企业品牌的核心竞争力和价值有着重要作用。

小程序的出现有着客观的现实商业诉求：众多APP客户端的流量争夺越发激烈，商家或品牌需要拓展新的流量获取方式和渠道，特别是对于中低频APP更是如此；同时，微信公众号或服务号只能进行内容分享和推送，但在流量变现方面却无能为力。基于此，小程序对两者进行了融合升华，通过社交与商业的融合为企业带来了新的价值想象空间。

从国内互联网三巨头 BAT 的竞争态势来看，互联网商业竞争就是流量、社交和支付三方面的比拼。目前已经形成了百度基于搜索、阿里基于电商、腾讯以微信和 QQ 为支撑的社交生态格局。

同时，正如阿里借助 2016 年春晚的红包营销策略渗透到腾讯的主要领域社交一样，微信也通过一系列有效措施成功打开了阿里主导的移动支付市场。三大巨头之间的业务渗透与争夺从未停止，最终都是想实现流量、社交与支付的全方位布局。

就微信而言，多年积累使其拥有了超过 8 亿用户的庞大流量，再加上对支付市场的成功布局，如何实现商业化便成为其下一步发展的首要战略目标。不过，微信的定位一直都是社交生态平台，缺乏有效的商业路径和场景。

微信以往的商业化路径主要是打广告或与商家合作开发专门的微信入口，但与微信的社交用户规模相比，这些商业动作便显得有些“小打小闹”，很难真正发挥出微信的用户资源优势，将流量红利转化为商业价值。另一方面，当前的公众号、订阅号、企业服务号等也更多的是聚合流量，同样难以将庞大的用户资源转化成商业优势。

小程序则有效解决了微信的商业化痛点。小程序应用能够将微信平台庞大的用户资源有效导流到商业化场景中，从而帮助微信突破社交束缚，打通社交生态圈和商业生态圈，实现商业化的战略目标。

可以预见的是，借助小程序服务，微信将真正发挥出自身在社交用户资源方面的巨大优势，通过社交生态圈和商业生态圈的贯通为自身的商业化发展、品牌营销和企业的价值创造拓展更广阔的想象空间。

在互联网新经济时代，企业的任何行为都是以商业化为动机和归旨的，小程序应用也是如此。虽然从当前来看小程序是一个基于云端数据搭建的开放性的服务入口，具有无须下载、用完即走的优势，但随着其不断发展成熟，商业化也将成为必然诉求。

总体来看，微信小程序的价值和意义主要体现为：

★ 是新经济时代打通社交生态圈和商业生态圈的必然路径，有利于线上虚拟经济与线下实体经济的连接融合，帮助商家构建一体化的多渠道模式，推动新经济时代商业模式的创新、成长和成熟。

★ 进一步加剧移动端的流量竞争，推动异常火爆的APP市场走向成熟理性，实现优化升级；甚至，随着小程序的不断成熟优化，由乔布斯开创的APP时代将逐渐走向落幕。

★ 打破阿里巴巴、京东等大型电商平台的垄断地位，推进线上渠道进入快速变革阶段，并真正实现线上线下的深度融合与交互导引，为新经济时代的渠道创新变革提供有力支撑。

◎ 连接创新：线上线下场景一体化

小程序虽然可以通过线下二维码扫描、精准搜索、小程序商店等多种方式进入，但张小龙已在微信2017年的公开课中明确指出，线下二维码扫描才是小程序的核心入口，也将是微信官方主推的小程序接入方式。从这个角度来看，微信小程序是对“让商业存在于无形之中”理念的一次实践，也是对腾讯提出的“连接一切”战略的推进，是对线上流量到线下场景连接的一次创新。

虽然小程序上线不久，但从微信官方描述的小程序诸多典型应用场景中，人们无疑可以充分感受到小程序在未来场景化运用中所能带来的巨大价值想象空间。

微信公众号时代，UGC 模式的盛行让每个人都有可能成为自媒体，从而对传统传播媒介带来巨大的冲击颠覆：面对“来势汹汹”的新媒体，传统媒体要么黯然退场，要么自我转型。不过，虽然自媒体时代让每个人都获得了充分表达自我的机会，但这种表达却是受各种平台入口制约的。

与此不同，一方面，小程序时代的到来让每个人都有机会成为一个入口，从而摆脱了对平台入口的依赖，弱化了平台的中心地位，让人们真正能够做到“我的地盘我做主”。从这一意义上而言，小程序的最大价值便是去中心化，“人人都是入口”，而不必再受制于各种平台。

另一方面，小程序大幅降低了开发门槛，为商家和品牌带来了新一波营销红利。既然小程序拉平了所有商家在应用开发方面的差距，那么制胜的关键便回到了产品和服务本身。这也是微信团队对小程序的一个重要价值定位——让企业或商家回归产品，将更多精力放到产品和服务创新上，通过优质的产品和服务而非赶时髦的营销概念或噱头吸引用户。

由于很多用户都是首先通过各类平台找到商家，然后再到商家享受产品或服务，因此，一些业界人士认为小程序在融合线上线下方面其实发挥不出多大的作用。不过这些人显然没有意识到：小程序作为一个新生应用，最初确实需要借助各种线上平台和线下渠道积累第一批种子用户；然而在完成最初的用户积累后，小程序在后续提供服务、客户关系维护、口碑营销等方面都将发挥出巨大的价值。

以餐饮场景为例。商家确实需要借助美团这类平台去拓展自己的第一波用户。当用户通过美团平台到店消费后，便成为商家客户，这时就需要借助小程序应用进行后续服务、关系维护和口碑营销等更多活动，以提高用户忠诚度并吸引更多的顾客来店消费。

通过美团虽然也能完成上述工作，但商家却要受到平台的制约，远不如使用自己的小程序自由方便。例如，即便在小程序出现之前，一些商家也不愿让消费者通过美团平台进行线上支付，甚至告诉客户线下直接付款享受到的价格优惠更多，这充分表明了商家希望摆脱美团这类平台的想法。

因此，未来当小程序应用普及后，美团这类平台的价值将只是前期导流，而当商家完成了最初的用户积累后，便完全可以通过小程序进行点赞、结账、优惠券推送和口碑营销，在为用户提供不逊于各大平台消费体验的同时，又不必再受制于各个平台。

◎ 场景运用：如何重振O2O生态

下面以健身会所场景为例说明如何利用小程序实现线上线下的场景融合：

小李的朋友分享给他一个健身会所服务体验的小程序页，让其参与评价，他看过之后十分心动，也想去这家健身会所健身，于是在小程序上预约了下周的体验服务，申请了体验卡，并收到一个模板消息。周末到店体验后，手机中收到服务完成和进行评价的消息，如果很满意此次健身体验服务，还可以分享给自己的朋友，好友消费后，小李可以获得健身会所的优惠券。

在这一线上线下深度融合的小程序应用场景中，小李先后经历了以下入口：分享入口，即收到好友分享并对此动心，进而预约服务；提醒入口，预约服务后收到去店体验服务的提醒消息；服务入口，即到店线下扫码，商家确认预约信息后获取体验服务；评价入口，体验服务后进行评价和分享动作。

小程序出现之前，多数线下商业场景都是通过“服务号 + H5”的形式展现的。不过，这一模式存在诸多痛点，如用户使用体验不好、商业模式本身与线下场景不匹配等。

以餐饮场景为例，点餐是一种需要即时响应的服务场景，只有从选择菜品到下单支付的每一环节都十分顺畅，才能够让用户获得优质满意的点餐体验。然而，现有的“服务号 + H5”的运作模式，每一步都必须联网加载，从而难以为用户提供流畅性体验。用户体验不佳，自然不可能青睐相应的消费场景，这又反过来影响了商家对此种商业模式的运用。

与此不同，小程序是一种“本地网络 + APP”的解决方案，直接线下扫描二维码即可启动，而不用关注服务号，能为消费者提供更流畅的体验。同时，与“http”相比，小程序使用的“websocket”能够实现双向实时通信。由此，后端服务与小程序、小程序与小程序之间便可以感知彼此的状态，或者相互发送指令。

进一步，如果以后微信小程序打通点对点的连接，必将会催生出更多的本地化应用场景。例如，用户通过点餐小程序直接与滴滴出行的小程序进行通信连接，启动从餐厅位置到住处的路线，然后用滴滴出行小程序完成叫车服务。显然，这种不同小程序的连接通信将大大丰富小程序的线下场景化运用和玩法。

通过多年的运作，微信支付已完成了对诸多线上线下应用场景的深耕布局。然而，用户只有在支付环节才会用到微信支付，之前的所有动作必须借助第三方提供的微应用、H5、服务号完成。显然，这种缺乏统一开发设计标准的体验无论对用户还是商家来说都是不理想的，但却又没有替代方案。

小程序的出现则有效解决了这一痛点。小程序通过制定统一标准，覆盖线下所有的场景化运用，并构建了一套完整的线下场景化运用的解决方案。从这一角度而言，小程序是对微信支付的有力补充和完善升级。

通过小程序应用和二维码扫描功能，微信成功打造了一个 O2O 与支付闭环生态。以往，受不同浏览器、不同 APP 之间的功能兼容性制约，广告信息的传递效率在“展示页面—落地页面—产品介绍页面—转化页面”的跳转过程中降低，造成信息处理差异化的效率折损。

小程序也有效解决了这一痛点，商家可以将产品或服务内容直接放到微信平台上，实现与庞大的微信用户群体的信息连接与共享。同时，小程序触手可用、用完即走的特点以及与社交化分享和本地化场景的紧密结合，能够在商家进行产品营销、品牌展示和服务的过程中最大限度地降低对用户体验的影响，从而打造出深度融合线上线下场景的 O2O 与支付闭环。

◎ 流量之争：小程序背后的 BAT 战争

目前，微信端的用户流量具有高频、强社交、高黏性的显著特征，其“天花板”在于信息过载。根据微信官方公布的数据显示，2016 年 9 月，微信日均登录用户高达 7.68 亿，同比增长 35%，其中，有超过

50%的用户每天使用微信的时长达到90分钟以上。与同为社交产品的Facebook、Twitter、微博相比，微信用户日均使用时长、发送消息数量等与用户黏性相关的指标同样处于绝对领先地位。而微信公众号总规模已达千万级别，日均群发消息数量达到70万条，由信息过载而导致的用户注意力分散及体验下降是微信目前面临的一大重要问题。

微信小程序则能够从线上及线下场景获取那些低频的中长尾流量。相对于HTML5而言，微信小程序的用户界面更为精简，和原生APP相比，用户不需要下载安装，能够支持在线支付，对于传统原生APP中的低频中长尾用户有较强的吸引力。而且借助于微信小程序，那些线下的独立于微信系统外的生活化服务、店铺消费等长尾碎片化需求有望被微信整合，从而帮助微信获取线下的移动化和碎片化流量。

目前，微信官方已经公布了10多个类别的上百种小程序应用，对标原生APP用户规模达到1000万以上，很有可能将引发APP行业的新一轮洗牌。由第三方平台知晓程序公布的数据显示，小程序演示案例涉及了物流、交通、金融、教育、富媒体、生活服务等10多个领域，在流量整合方面具有明显的优势。

从长期来看，微信小程序更侧重于线下场景中海量的碎片化流量。移动互联网流量红利只不过是一个时间问题，线上获客成本大幅度增长，用户专注度不断下降，未来的应用程序将会实现看见即所得，而微信小程序能够将线下场景中的消费、娱乐、本地化生活等进行高度整合，在基于物联网技术、人工智能技术等高科技技术的智能硬件产品的支撑下，打造出一个用户生活场景的闭环生态系统。

微信小程序所倡导的去中心化，是要将自身变为连接线上与线下的全场景流量统一入口。由于小程序没有应用商店、独立入口，它可能无法成为对流量进行集中分发的平台，单一小程序的流量会受到明显的限制，但这对于本身作为小程序入口及框架搭建者的微信而言，却具有无限的想象空间。

对微信而言，微信小程序的价值不只是单纯地将流量进行集中并引导变现，而是将自身积累的优质用户流量向线下进行拓展，使微信成为一个集互动、传播、服务、支付于一体的涵盖用户线上和线下的综合场景。

显然，百度与阿里巴巴不会放任微信小程序形成如此大的闭环生态。在线下流量入口方面，阿里巴巴通过多方布局已经具备了一定的领先优势，以支付为例，接入支付宝的线下门店数量要比接入微信的线下门店数量多。在资金往来、购物消费、金融理财等方面，支付宝明显领先于微信。

而微信小程序的出现，会造成 BAT 三巨头拼抢用户流量的强度和力度进一步加大。2014 年，百度就上线了其轻应用产品，和目前的微信小程序类似的是，轻应用也不需要让用户下载安装，用户通过搜索获取自己需求的服务，而且百度为其提供支付支持。但由于百度没有微信这种亿级移动终端应用产品作为支撑，导致其未能成功发展壮大。

而阿里旗下的支付宝本身就整合了滴滴、淘票票、飞猪旅行等诸多应用产品。被称为支付宝版微信小程序的“蚂蚁应用”正处于测试阶段，它以 HTML 等技术为支撑，将应用产品整合为离线资源包，大幅度缩短线上读取时间，从而与微信小程序进行竞争。

2.3 三大指标：小程序能否构建全新的生态体系

◎ 生态准则：确保生态进化的关键

衡量微信小程序构建的生态能否成功主要看三个指标，即生态准则、场景增量、收益补充。从这三个指标来看，即便人们对微信小程序存在诸多质疑，也仍有理由对其寄予厚望。

翘首期盼多日的微信小程序终于正式上线，瞬间引爆了朋友圈。微信小程序的上线具有标志性的意义，在上线之前，人们对其有无数猜想；在上线之后，人们可以试用、体验，对微信小程序构建的生态进行检验。

如上所述，小程序生态能否成功关键要看场景增量、收益补充、生态准则三个指标，其中，生态是否有基础关键要看场景增量；生态能否进化关键看生态准则；生态是否可持续关键看收益补充。

为了更好地对小程序进行理解，我们将小程序比作一片森林，将小程序构造与发展比作森林建造。首先，种植树木必须要有基础——土

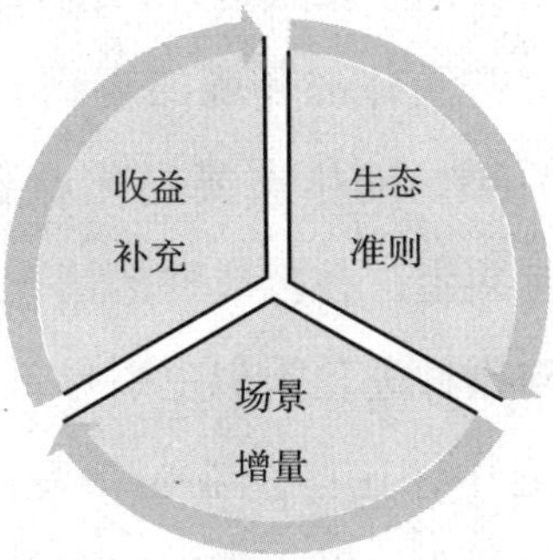

图 2－3 衡量小程序生态构建的三个指标

地，只有适宜植树的土地才能成功地种植树木；其次，树苗种下之后我们还希望它们能茁壮成长，并具备众多能力，如抗虫害能力等，实现“可进化”；最后，我们希望这片森林中的所有生物，植物也好、动物也罢，都能获取自我生长、发展的能量，无须人工干预就能实现可持续发展。

下面我们首先来分析小程序轻生态模式的第一个指标，即生态准则是否开放、清晰、稳定？

从信息联通到购物、打车，微信的功能愈加丰富，人们在其上耗费的时间也越来越多。这种现象对于任何一款互联网产品来说都是值得庆幸之事，但张小龙却没有为之激动，反而是在思考如何减少用户在微信上消耗的时间？如何降低用户对微信的依赖？

在产品开发者们试图构建一个高频持续的消费场景，并将其打造成一款 APP 时，微信却在思考如何构建一个用之即走的场景，并让场景轻化。从这个角度来说，微信小程序推出的最大意义在于它能与更多入口级的轻应用场景相连，能对更多开放环境下的创业人群产生激励作用，能以更低的成本在任意的消费环境中构建服务入口和通道，进而将腾讯的开放战略落到实处。

由进化论的相关理论可知，物种进化的前提条件是要有一定的生存空间与时间，还要不停地遭受外部环境的影响与冲击，在错误中学习、进步，从而实现生存、发展。而生态要进化就要让物种不断地丰富起来。物种日益丰富，彼此共生，在多样性的情况下保持动态平衡。

小程序生态的进化与物种进化类似。引导不同领域、不同行业的大小企业融入小程序生态之中，这些企业包括专门从事小程序外包的企业、做小程序数据分析的企业、做小程序应用商店的企业、专门帮助小程序刷访问量的企业、帮小程序粘贴二维码的企业等。

这些不同的企业、不同的角色，在推动小程序演进方面所发挥的作用是一样的。为了推动小程序能更好地演进，微信团队要在审慎控制节奏的前提下，给“分标角色”提供一定的生存空间与时间，为微信小程序生态的构建与发展增添更多的生命力与可能性。

在这里，需要强调一下生态准则，即清晰、稳定。在自然界中，来自外界的清晰、稳定的反馈有利于形成认知。以驯狗为例，要教会狗坐，就要在狗坐下的时候给予一定的奖励，这就是清晰；这个奖励不能随意改变，这就是稳定。对于小程序生态来说，值得鼓励的、坚决禁止的、可有可无的内容都必须清晰明确，并且要保持稳定，不能随意更改。

综上所述，小程序的生态能否实现可进化的关键在于生态准则是否开放、清晰和稳定。从微信团队多年来的运营成绩来看，这一点绝对是毋庸置疑的。

◎ 场景增量：创造用户价值的基础

用户价值是一切价值的源泉，是一切活动的基础。如果没有用户价值，基础就是空谈。但对于小程序来说，用户价值早已不是简单的“是否有价值”，而是“价值能否超越公众号或者 APP”。换句话说就是，相较于现有的产品形态来说，其增量价值是否充足。

关于小程序的增量价值，腾讯官方对其的解释有三点，具体分析如下：

1）更纯粹

服务就是服务，用户不需要下载或者关注就能使用，无须像 APP 一样耗费储存空间下载，也无须像公众号一样忍受关注之后频来的营销骚扰。

2）更流畅

相较于网站、H5 原始体验来说，小程序的加载、呈现、交互更加流畅。再加上账号体系较为完备，相较于 APP 来说其注册登录也会更加顺畅。

3）更易得

对于用户来说，所有的小程序都触手可及，使用起来非常方便。

从产品形态定义与实际成品的角度来看，微信小程序的纯粹性与流畅性问题不大，但第三点却有待考虑。其关键原因在于，微信小程序是否能实现易得不只依赖于产品形态，还依赖于产品发布之后的运营，即人们能否在短时间内看到可观、合理的场景增量，能否看到“触手可及”的实现趋势。

只有做到这一点，我们才能认定小程序能朝更多的应用场景渗透，其渗透力能超越公众号和 APP，其价值增量能为一个全新生态体系的构建打下坚实的基础。

因此，从这个层面来看，“有基础”能否成立的核心在于增量场景是否充足。从理论层面来说，小程序的增量场景至少包括三大类。

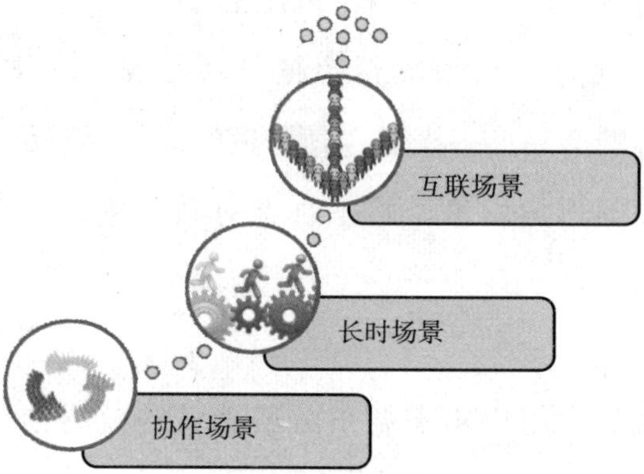

图 2-4　小程序的增量场景

◆ 协作场景

假如现在有一个表格需要微信群里的几个成员一起来填写，可以采取的方法有哪些？

1）在微信群里发布一个链接，让群成员点击去填写；

2）借助石墨协作，但很多成员不知该如何使用，需要再增加一个教学程序；

3）让有填写意向的群成员下载钉钉等办公软件，在钉钉里面建群、拉人、审核，再让他们填写，等等。

以上无论采用哪种方法，其过程都非常烦琐。因此，在当前的产品形态下，受用户认知缺乏、地域或者产品互通限制的影响，要做好微信内的协作场景非常困难。

但微信小程序则不然，受三大特性的影响，小程序处理场景时的优势非常明显：

1）以微信框架为基础，闭环体验能实现畅通无阻；

2）协作人在群里，无须迁移；

3）能对小程序内页进行分享，直接定位，促使协作教育成本得以有效减少。

另外，协作场景不仅存在于办公领域，还存在于生活领域和社交领域。例如，某公司针对某项新业务组建一个新团队，团队成员可以构建一个微信群，在群里签到，发布任务、完成任务等。再如，构建线下沙龙微信群，群成员可在里面分享名片，自动匹配关键词，将业务相近之人撮合在一起，推动其进行深入交流，等等。

上述活动都属于协作。在用户手机中，这种生活群、社交群的数量非常多，相应的场景也非常多。事实上，有一些官方插件，如 AA 收款、微信红包、共享位置等都是非常优质的协作小程序。

◆ 长时场景

如果用户需要在微信中花费较长时间处理一件事情，如阅读一篇文章或者审阅一份 PPT 等，这时微信消息却响个不停。这些消息可能来自于朋友私聊，也有可能来自于工作群，还有可能是红包提醒。在这种情况下，用户会在“停止工作，查看消息”与“继续工作，放任消息提醒”之间犹豫不决，选择前者有可能只是某个微商群发的广告，看完之后还要从头开始工作；选择后者则有可能会错过一些重要消息或者是大红包。

事实上，这种长时场景是微信的一个漏洞。其原因在于，微信只是一个工具，本身就不具备多开窗口的特性。但实际上，对于这一问题微信已经给出了解决方案：聊天窗口置顶，根据需要随时切换。

这个解决方案的应用较为局限，没有对公众号、文件预览等开放。但现阶段，微信小程序的出现突破了这一局限，对该功能进行了全量标配，激发了很多长时场景的活力，用户可以在微信中听电台、读文章、看视频等。但目前，小程序支持的置顶位只有一个，窗口多开方案还需要一段时间才能实现。

◆ 互联场景

一般来看，优质的互联场景在公众号或者APP中非常少见，使用频率最高的场景非公众号的粗暴互推与APP的分享跳转莫属。这种场景在小程序中得到了日益广泛的应用，究其原因在于：公众号和APP的入口主要集中在线上，小程序的入口汇聚在线下，线下场景中的二维码越来越多，其衍生出来的互联也越来越多。

例如，物理关系上的互联，用户可以在自己的电视上扫出来一个小米盒子一样的小程序，挑选想要播放的视频；行为逻辑上的互联，用户在医院做完检查走到诊室门口的时候可以扫描出来一个小程序，将检查报告单邮寄到家，填写完毕后还可以切换到滴滴出行小程序，来选择是否叫车回家；地理位置上的互联，指的就是附近的、触手可及的小程序，有的时候甚至无须用手，只要距离够近就能触及得到。

这种增量场景的数量非常多，有些场景早已被开发者开发了出来。借助众包模式，小程序"更易得"这个价值很快就能实现。正因为如此，小程序生态可以与APP、百度直达号相区别，将"有基础"提前落地。

◎ 收益补充：给企业带来增量回报

如果一个生态环境已经做到了有基础、可进化，其发展势头就能保持一路向好。但是其能否做到可持续，就要看其中的核心角色能否成功存活。从小程序生态的角度来看，这里的核心角色指的是为小程序提供服务的企业。

这些企业投入人力、物力、财力对小程序进行开发、运营，生产、输出服务价值，也亟须获取回报。若这些企业无法获得新增成本，就难以坚持投入，小程序就难以实现可持续发展。小程序的收益增量主要体现在以下三个方面：

1）埋单方增长

C端用户观念不断升级，对工具付费的意愿与能力逐渐提升，这就意味着那些能安心做服务的小程序，即便其营销能力再差，用户也愿意为其埋单。

2）现有资源放大

现阶段，无论是流量，还是能力、激励都被无限放大。例如，微信支付商户号的流水返佣比例不断增加。

3）盈利模式新增

或许未来的微信小程序会出现这样一种盈利模式：小程序需付费才能使用，用户为小程序付费，如每月支付10元来任意挑选10款小程序，所获利润小程序开发商与微信按一定的比例分成。

微信小程序的开发者要算好这笔账，即小程序所获取的增量回报是否能维持持续投入。企业不同，这个问题的答案也不同。但是在小程序生态系统中，收益大于投入必须是一个大概率事件。即便小程序开发企业的增量回报不足以支撑持续投入，也必须依靠平台补贴才能存活，微信为了提升用户体验，维持生态运转，也可能对其进行补贴。

由此可见，小程序生态能否成功构建，关键在于生态准则、场景增量和收益补充这三大指标。即便现阶段，人们对其中的某些部分仍存在疑问，也仍可以看好它。

对于小程序来说，其最好的发展前景莫过于从社交工具、支付工具、媒体工具范畴进入生活工具范畴，帮助广大用户释放存储空间，提升使用效率。但对于微信来说，小程序并非终点。随着社会的发展、科技的进步，微信势必继续前行，引导互联网大生态逐渐改变。

第 3 章　商业蓝海：探索小程序的商业化路径

3.1　回归价值本源：小程序带来怎样的商业机会

◎ 实现长尾商家与消费者的精准对接

微信创始人、腾讯公司高级副总裁张小龙指出：小程序是一种无须安装即可使用的便捷应用，真正实现了应用“触手可及”“用完即走”的理念，从而为用户提供一种“应用无处不在，随时可用又无须下载安装”的优质体验。

总体来看，小程序既可以调用微信平台的众多组件和接口，在运行能力和流畅度上比使用 H5 嵌入的应用更好；同时，相对于专门的 APP 应用，小程序又免去了用户的下载过程，避免了大量的空间占用和卸载困扰。

传统商业形态主要依靠线下实体门店与客户进行对接，通过为客户提供服务获取效益；与此不同，在互联网商业时代下，买卖双方的连接渠道和方式突破了空间束缚，通过线上即时连接、沟通与服务，商家与用户的连接频次和商业效率均获得大幅提升。

基于这一转变，很多有实力的大企业纷纷推出了自己的 APP 应用或官方网站，并通过与实体销售渠道进行数据信息互通共享，实现线上线下的有机结合，提升市场营销效率和效果。不过，从整体用户行为特质的角度来看，这种单一厂家的线上线下互联互通仍然是一种封闭性的“信息孤岛”状态。

另外，数量更多的中小商户，则由于资源、技术和人力等方面的限制，无法独立开发运营 APP 或网站，因此，更多的是在互联网巨头提供的开放性平台上，通过微博、微信服务号或公众号等方式发布产品最新资讯、进行品牌推广以及与用户进行深度交互。

不过，这种基于大平台的用户对接方式也存在着诸多不足：受制于信息发送频次，与用户的沟通频次和交流深度有限；客服人员只能根据顾客的具体问题进行简单回复，无法获得系统化的用户信息，自然也就无法深度挖掘用户的潜在需求，实现精准营销。

微信小程序的推出则有助于解决上述问题，为长尾商家与消费者的精准对接提供便捷渠道。总体来看，与以往的服务号、公众号相比，小程序在连接目标用户方面具有以下优势：

1）整合数据能力

在获得用户或其他商户许可的情况下，开发运营小程序的商户可以借助微信入口获取用户在其他商户中的各种消费信息，进而通过对这些数据信息的有效整合分析，深度挖掘并精准定位用户的潜在需求。

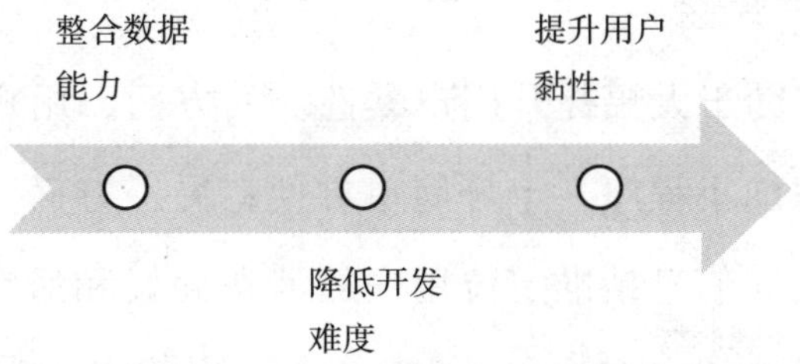

图3－1 小程序在连接目标用户方面的优势

例如，一个购买了iPhone 7的消费者，他购买iPhone 7手机壳、后盖指环等配件的可能性显然要高于没有买iPhone 7的用户。同样，对于老年消费群体，每位购买了血糖仪的顾客背后，都有可能隐藏着需要无糖食品的购买需求。

如果商家能够准确把握这些消费行为背后的潜在需求，便可以结合自身的商品特质，在与用户对接沟通时更有针对性地进行产品或服务推送，实现精准营销，从而大大提高一线客服的销售转化率。显然，小程序所带来的这种数据整合分析能力，对于商家特别是那些没有能力独立完成信息收集、存储和运用的长尾商家来说，无疑具有巨大的价值。

另一方面，由于商家通过微信接口采集的数据信息事前已经获得了用户许可，因此有效避免了侵犯隐私的问题；用户在收到商家推送的信息、产品或服务时，因为知道是自己曾经许可的，因此会更愿意查看；最后，商户通过正规途径获取信息，也会大大压缩非法信息交易的生存空间，推动信息市场的规范化发展。

2）降低开发难度

微信平台为小程序提供了众多接口，开发者只需使用Java Script便可完成开发，因此，与APP相比，小程序开发无论是在时间、难度还是成本方面都更有优势。

3）提升用户黏性

小程序也有助于大幅提升用户黏性。一方面，用户直接在店内扫描二维码即可添加小程序，十分简单方便；另一方面，商户可基于获取的大量消费数据信息精准定位用户的消费偏好和潜在需求，进而将最能吸引用户眼球的内容放在小程序首页，优化用户达到关键功能的路径，降低使用成本，从而吸引用户始终愿意通过小程序与商家进行交互。

◎ 小程序给中小企业带来怎样的机遇

微信小程序正式上线后与之相关的文章层出不穷，也出现了各种不同的观点，但它到底会对商业产生怎样的变革，很多人并不真正理解。事实上，小程序就相当于微信在自己的平台上打造了一个“应用市场”，但与 APP Store、Google Play Store 等应用市场所不同的是，它不需要让用户下载安装，而是可以直接在微信平台上获取服务。

这就标志着，微信很有可能将会打破原有的移动 APP 格局，通过创造一个以微信为支撑的综合大型平台实现连接一切的目的。以前，很多企业在开发独立 APP 产品时所面临的开发成本高、周期长、运营成本较高等方面的问题将得到有效解决。较低的开发门槛，再加上微信本身存在的巨大潜在价值，吸引了广大创业者和中小企业积极投入到这一领域深度掘金。

1）大幅度降低创业开发成本

要想开发出一款 APP 产品，不但需要熟悉 Android 系统的开发人才，也需要熟悉 iOS 系统的开发人才，这就造成了开发成本的明显增加，这对于资金和时间本身就相当匮乏的创业者及中小企业而言，无疑是相当不利的。而主打轻量级应用的微信小程序的开发门槛则要低得多，而且大部分的开发工作主要集中在 HTML 5 的前端开发方面，能够让开发者节省大量的人力、物力。

由于资源的限制，中小企业本身的人力就相对不足，如果在开发 APP 方面投入过多的资源，很容易导致企业在激烈的市场竞争中被后来者颠覆，而小程序的开发仅需要极低的成本，企业可以将资源和精力投入到核心产品及服务方面，从而帮助企业建立较强的市场竞争力。

对中小企业来说，APP 极高的运营成本是一笔相当高的支出，除了租用服务器，还要对 APP 进行营销推广、功能优化、用户界面改善、漏洞修复等，这些都要耗费大量的资源，而且让企业最为担忧的就是耗费了大量资源开发出的 APP 产品，安装量及使用频率都可能不理想，但为了用户体验，又必须持续投入资源进行运营，从而给企业造成较高的成本负担。

而微信小程序强调精准对接用户的实际需求，提倡“小而美”，而不是“大而全”，从而让中小企业有效降低了开发和运营成本。

2）带来新一波移动红利期

手机 APP 刚出现时，市场中涌现出了大量的移动应用开发人员，很多有创意的优秀开发者也借此获得了巨额财富，成为移动互联网红利的首批受益者。之后微信公众号开始迅速崛起，很多内容创业者及善于进行粉丝运营的品牌商获取了巨额回报。不难想象，小程序的崛起又将会创造一批财富神话。

由于微信小程序刚上线不久，很多热衷于尝试新事物的用户对其有着较高的兴趣，如果中小企业能够使开发的小程序在满足某些功能需求的同时，又具备较高的趣味性，就很容易引起用户的关注。

在新生事物层出不穷的移动互联网时代，新事物和新模式的红利期会越来越短，谁能够抓住这个转瞬即逝的重大发展机遇，谁就能成为此次小程序红利的受益者，随着小程序的热度逐渐升温，届时小程序恐怕将会成为巨头们的资本游戏。

3）创业者们将有更多的试错机会

由于微信小程序的开发主要涉及 HTML 5 网页，具有较强的跨平台属性，因此不但可以有效控制开发成本，更能极大地增加容错率。

在开发独立 APP 时，开发团队首先需要设计并搭建出产品框架，花费大量资源开发完成后，如果发现这款 APP 并不能真正迎合用户需求，开发团队就要拿出很多的时间与精力来对其进行优化调整，甚至有时需要重新开发新的 APP。

由于小程序的开发成本相对较低、开发周期相对较短，而且又能借助微信进行广泛传播，此时创业者就可以将开发出的产品投放到市场中进行测试，即便不符合用户需求，也能快速低成本地进行优化，甚至是开发一款新的小程序，从而大大提升了创业的容错率。

4）抢占流量是抓住小程序机遇的关键

毋庸置疑的是，微信小程序在未来一段时间内将会是一个超级流量入口。广大创业者和中小企业需要在积极优化自身的小程序产品功能及服务的同时，向行业领先者借鉴经验，在线上利用与小程序关联的公众号，线下借助二维码，从而实现对线上及线下用户群体的全面覆盖。

凭借着微信自身拥有的海量用户流量和平台影响力，其打造的小程序生态将会给整个应用市场带来强有力的冲击，而创业者及中小企业将会迎来一个全新的重大发展机遇。

◎ 小程序实现商业化需要解决的问题

作为一个新生事物，小程序要真正帮助长尾商家精准对接用户，还需要首先解决好以下问题：

1）用户使用小程序的频次

微信推出小程序的动机是实现“应用触手可及”“用完即走，不需安装”。即在用户需要使用某个应用时，只需扫描二维码进入小程序即可使用，而不用再单独下载 APP，从而为用户日益“沉重”的手机系统“减负”；在用户不使用时，小程序也不会去主动打扰用户。

不过，这一动机导向下小程序的使用频次将不会很高，从而会削弱其帮助商家精准对接用户的能力和价值。根据中国第一科技门户“中关村在线”旗下的 ZDC（互联网消费调研中心）的调查数据：手机中安装的 APP 数量超过 20 个的网民占比，iOS 系统和安卓系统用户分别为 55.1% 和 40% 左右；同时，超过 80% 的智能手机用户经常使用的 APP 数量不超过 10 个。

可见，即便是很多直接显示在手机桌面上的 APP，用户的使用频次也都不高甚至很低。那么，对于隐藏在微信平台二级甚至三级菜单中的商家小程序，用户使用频率就更是令人担忧了。而如果用户不进入小程序，即便商家精准定位了用户特质和需求，显然也无法实现与用户的对接、沟通。

2）服务号、公众号与小程序的连通

微信将小程序与服务号、公众号定位为并行的体系，然而关键是小程序能否与后两者打通，实现与用户的深度交互。即以往的公众号、服务号积累了众多关注者，并通过菜单引导打开 H5 页面的方式向用户呈现丰富的内容；而小程序在这方面显然与 H5 页面是重复的，因此，需要连通服务号、公众号，在用户浏览信息后想要进一步互动时，可以直接进入小程序。

另一方面，这种连通还意味着，当商家通过小程序精准定位用户消费偏好和潜在需求时，可以通过服务号或公众号实现个性化推送。

3）微信对沟通内容的限制

微信公众号的兴起极大地推动了内容创业领域的快速成长发展，然而也有很多创业者因违反微信平台规定而被封号，或者因微信官方政策的变动而措手不及。如虾米音乐分享链接被屏蔽以及由于微信支付与支付宝之间的竞争而导致的微信 H5 页面无法使用支付宝的情况。

这意味着，微信作为一个完善的生态闭环，在为商家对接用户提供诸多便利的同时，也要求在其生态圈中开展服务的商家遵守平台规则，而这必然会对商家与用户之间的沟通内容带来一定的限制。特别是随着智能机器人在客户服务领域的广泛应用，更要求商家在使用小程序时准确把握微信的内容尺度，以避免违规被封号；同时还要及时更新数据库，让智能客服系统更加人性化，实现与客户的深度交互，以便获取更大的价值。

互联网是以人为中心的商业时代，任何价值创造都必须首先实现与人的连接交互。因此，技术发展的一个重要方向是实现商家与用户的多元、高效、便捷、精准对接，无论是支付宝、微信支付，还是公众号、服务号，乃至刚刚上线的小程序应用，在某种意义上都是一种连接方式。

更重要的是，这些技术和工具的价值可能是有限的，但它们所提供的智能化、个性化的连接，却能够为商业运作带来无限的价值想象空间。因此，对于小程序这一新型连接方式，商家要做的是精准把握其开发方式以及分析、运营和推广策略，借助小程序与用户精准对接，更好地进行品牌营销和产品销售，及时抓住小程序带来的营销“红利”。

◎ 小程序时代，企业如何探索新商机

◆ 什么企业适合做小程序

适合做小程序的企业主要包括以下几类：

1）线下的商家

例如，机场、车站、大中型的餐饮门店、健身房、KTV 等。加以概括就是，其自身作为承载服务的一种载体，并为用户提供服务的实体商家。

在如今及未来相当长的一段时间内，二维码都会是小程序的最大入口。在微信公开课上，张小龙也表示“我们更多的是希望小程序能够通过扫描二维码来启动”。所以，线下实体商对于小程序的开发尤为迫切。

对于线下实体商来说，目前，大部分商家都选择将自己的服务通过大众点评、58 同城等进行展示，当然也有实体商开设公众号或者自建 APP 等。但在大众点评、58 同城等线上平台中能够展示的信息比较有限，而公众号很难带给用户优质的服务体验，自建 APP 则需要投入相当高的开发和运营成本。所以，小程序就成为线下实体商最为明智的选择。

2）和线下场景强相关的线上服务企业

获取公交车实时信息、购买车票及电影票等类型的小程序和线下场景密切相关，而且由程序本身提供线上服务，这种模式受到了很多用户的高度评价，未来还将出现各种类型的小程序用于对线上服务进行深度拓展。

3）与互联网结合的传统企业，如医疗、教育等

医疗、教育等由于自身存在着相对复杂的服务流程，随着互联网技术应用的不断普及，通过互联网技术对这些流程进行优化将成为一种主流的发展趋势，从而为小程序开发提供广阔的前景。以医院为例，人们前往医院看病要经过挂号、诊断、检测、支付等诸多环节，这些环节如果都能配备一个辅助病患及医生的小程序，整个医疗机构的服务效率就会获得成倍的增长。

4）帮助以上公司做小程序的第三方公司

目前，互联网领域有很多专门负责为客户提供网站、公众号、APP应用等开发及运营的第三方公司，而小程序的出现也将催生出很多类似的公司，专门负责为上述缺乏互联网基因的线下实体商进行小程序开发及运营工作。

◆ 哪些企业不适合做小程序

1）大型公司

目前，很多大型公司都开发出了小程序，如滴滴、去哪儿、大众点评等，但由于大公司本身拥有着较大的用户群体，以及系统而完善的服务体系，小程序在它们的定位中可能仅是一个新的流量入口，而且这个流量入口存在着较多的限制。事实上，京东与腾讯达成战略合作后，京东就在微信上有了一个单独的流量入口，但实际效果却不够理想。

2）内容及社交等纯线上平台

由于这种平台缺乏具体的线下场景，而小程序在线上的入口较为隐蔽，而且目前微信官方也鼓励通过线下扫描二维码使用小程序。这类平台对将高质量的内容精准对接给目标用户有着极高的依赖性，但小程序又不能订阅、不能在朋友圈内分享，从而阻碍了其内容的传播。此外，这类平台的持续发展还需要提升用户黏性和忠实度，这与小程序本身的逻辑不符。

3）使用 APP 能够带来更为优质服务体验的工具类及 O2O 服务应用

工具类与 O2O 服务类应用确实也比较注重实用性与服务体验，但如果开发成小程序，就会因为小程序入口隐蔽，难以传播推广的劣势给其线上推广带来较大的难度，而目前这类应用的核心推广渠道就是线上。

而且考虑到这种应用产品的使用频率极低，难以进行推广，每个领域中可能仅有最为优秀的运营商开发的小程序会被记住，而其他同种类型的小程序获取用户的难度和成本则会非常高。

◆ 企业现在应该做什么

由于微信小程序上线时间相对较短，对于小程序的使用，用户也没有养成习惯，所以，一些已经推出了自己小程序的企业固然具有一定的领先优势，但那些尚未开发出小程序的企业也不必太过担忧。

1）已经推出小程序产品的企业

这类企业需要重点提升小程序的功能及服务体验，用优质的产品及服务赢得消费者的信任及认可，从而使小程序实现口碑传播。不难发现，微信为了有效提升用户体验，对小程序的呈现效果和操作习惯进行了一系列限制，鼓励并支持企业在功能及服务方面大力创新。

2）拥有独立APP的企业

这类企业需要思考的是小程序的定位问题，无论是APP积累了大量用户流量的企业，还是用户数量较少的企业，都应该推出小程序产品，前者可以将小程序定位成一个新渠道，将其作为APP的延伸，而后者则需要将小程序定位为核心产品。此外，企业还应该思考如何将APP与小程序的数据实现互联互通，这样既能让企业更为精准地服务用户，也能够有效降低搜集及维护成本。

企业在微信平台掘金的逻辑应该是：在朋友圈内进行传播推广，通过小程序触及C端用户并为其提供优质服务，利用微信钱包完成支付，通过公众号实现粉丝运营及售后服务等，从而形成一个闭环生态。需要注意的是，在未来一段时间内，小程序的核心用户群体是C端用户，培养B端企业级客户的使用习惯可能需要一段相对较长的时间。

小程序直接满足了用户的功能需求，更易和线上及线下的消费场景进行无缝对接，但其最大的劣势在于不能让用户关注、无法主动向用户推送。企业在开发小程序的同时，更要充分利用公众号，公众号可以帮助企业维护用户关系，向粉丝推广营销内容。

所以，“公众号+小程序”的运营模式，恐怕才是企业抓住这一重大发展机遇的关键所在。微信官方开放了可以让企业将小程序与公众号进行关联的选项，这样就为企业实现“公众号+小程序”的探索模式打下了坚实的基础。

3.2 掘金风口：小程序开启微信创业 2.0 时代

◎ 为优质服务商提供应用分发平台

2014 年，马化腾在首届世界互联网大会上指出，腾讯公司的核心是“连接”，终极目标是成为能够“连接一切”的互联网连接器。2017 年 1 月 9 日，微信小程序正式上线后，以提高用户效率为核心诉求，坚持应用“触手可及”“用完即走”的理念，为用户提供全新的应用体验形态，也为创业者、商家和品牌提供了更广阔的商业想象空间。

秉承“连接一切”理念的小程序一经推出，便借助微信 8 亿规模的用户资源引起了各方的广泛关注和期待：它不仅能为用户手机“减负”、提高用户操作效率，也能够像当初的 APP 一样掀起新一轮的创业大潮，同时，还为新经济时代下 O2O 服务行业打通线上线下、实现全渠道模式提供了有效路径，进而引发整体商业生态乃至社会生活方式的变革。

小程序是在微信系统中使用、占用空间不超过 1M 的“微信应用号”，让用户无须下载安装 APP 或关注公众号即可享受相关服务。正如张小龙指出的，小程序是用户通过扫描二维码或精准搜索即可打开使用而无须下载安装的应用，体现了应用无处不在、随时可用、用完即走的理念。

从商家或品牌的角度来看，小程序不仅是服务形态和用户体验的创新，更进一步打通了社交与商业的壁垒，使微信这一拥有 8 亿规模庞大流量的平台成为商家连接用户的入口，从而将流量资源转化为商业资源，为企业带来更大的效益和价值想象空间。

早在 2015 年，京东与微信、手机 QQ 的合作就展示出社交流量的巨大商业价值。数据显示：2015 年第四季度，京东平台中大约 33% 的新用户是从微信和手机 QQ 两大社交平台中导流过来的。同样，2016 年 12 月，超过 200 万人通过微信入口访问了同程网，而同程网没有在微信平台设立展示位之前，其来自微信的用户访问量只有数千人。

由此，很多人将小程序视为一个应用分发平台，认为其尤其对初创阶段的公司有着重要影响。特别是在 APP 市场竞争越发激烈、用户获取和留存成本不断攀升的情况下，创业者更合适的做法是首先通过“小而美”的微信小程序切入应用市场，然后再根据自身情况向 APP 市场扩张。

不过，微信官方已明确指出，小程序的推出并不是要将微信变成应用分发市场的角色，而是“给一些优质服务商提供一个开放的平台”。为此，微信只提供有限的搜索功能，重心主要放在线下二维码入口上，以借助小程序实现线上线下的有机融合。同时，基于“连接一切”的终极战略，微信小程序也将不断简化进入应用的流程，以便让用户更为便捷地获取需要的场景服务。

不过，短期来看，不仅 360、百度、阿里巴巴等“大玩家”不会接入小程序应用，直播、游戏、视频等具有较高使用频次和体验诉求的应用，以及对数据安全性要求较高的领域也不倾向于选择接入小程序。

当前最适合使用微信小程序的是一些中低频 APP 以及无法独立开发运营 APP 应用的中小商家或品牌。它们可以通过快速开发一个小程序，在微信系统中迅速传播，从而将大量社交用户转化成产品或服务对象，并通过小程序提供的优质服务体验提高销售转化率和用户黏性。

在某种意义上，可以将微信小程序看作升级版的“服务号”，通过对社交生态圈与商业生态圈的贯通融合，实现连接更多服务与场景的目标；同时，与专门的 APP 应用相比，小程序随时可用、用完即走、无须安装的优势，也能够为用户提供全新的应用体验。

◎ 社区服务 O2O：创业者的新玩法

在已发布的微信小程序中，与社区生活服务相关的小程序大致可分为电商、美食、商业、生活服务和医疗等几大类。小程序提供了一种连接用户的新方式，有助于商家更好地实现精准营销，拓展商业想象空间。对社区生活服务创业者来说，微信小程序也为他们创造了更有利的成长机会和平台。

首先简要分析一下小程序的主要特质：

★ 小程序入口：从微信“发现”栏里进入，没有其他入口，同时，只有用户打开过的小程序才会按照时间顺利地显示在列表里。

★ 如何被分享：小程序不能被分享到朋友圈，但可以发送给好友或分享到微信群里。

★ 如何被搜索：只能在微信内部进行精准搜索，不支持关联搜索。

如要找名为“股票灯塔”的小程序，仅仅搜索“股票”或“灯塔”是无法搜到的。

★ 如何与公众号、服务号连通互转：同一主体的小程序和公众号可以进行关联跳转，不过需要开发者自主设定；同时，一个公众号可以绑定五个小程序，但一个小程序只能关联一个公众号。

★ 如何扫码：可以通过线下扫描二维码的方式进入小程序，但无法通过直接识别二维码图片的方式进入，即禁止了线上引流。

★ 如何发送通知和订阅：小程序没有订阅关系、没有粉丝，但可以向用户发送客服通知。

可见，小程序虽然是一种新的连接方式，但由于自身“用完即走，无须安装”的理念，并不能沉淀社交关系。从社区服务创业者的角度来看，小程序最值得关注的是“附近的店”这一功能，通过发现附近的商铺小程序进行线上到线下的引流，从而为线下门店、本地生活服务、社区O2O等带来更多的收益。

◆ 线上到线下的连接方式

与APP相比，小程序具有轻应用、免下载的属性，且内置模板也十分简单，从而极大地优化了用户的使用体验。有些人甚至认为，小程序的出现标志着由乔布斯开创的APP时代开始走向落幕。

对社区服务创业者来说，小程序只允许扫码进入而禁止二维码图片识别进入的设置，为线上线下连接提供了一种新的连接路径，实现了流量从线上导向线下。也因此，在当前推出的社区生活服务类小程序中，快递、装修、外卖等“线上下单、线下服务”类的小程序占有很大的比重。

一方面，小程序的轻应用形态让用户不必使用一次服务就必须下载一次 APP 或者关注公众号，而是真正让应用工具化，触手可用、用完即走。另一方面，小程序的工具化特质也创造了一种新的 O2O 连接方式，能够更好地完成价值闭环，增加功能、实现支付。例如，“美味不用等”这类餐饮 SaaS 服务平台，既可以通过小程序将线上服务有效地引入线下就餐场景，也可以通过线下扫描二维码进入小程序，直接在线上进行订位、点餐、结账。

需要注意的是，上述分析的多是模式简单、易于工具化的项目，而对于非标准化和更加个性化的项目，则要基于具体情况采取更合理的小程序应用策略。

◆“附近的店”的生活服务

小程序中“附近的店”这一功能是值得社区服务创业者期待和关注的另一个内容。即商家在小程序后台绑定门店，用户则通过“附近的店”入口快速进入相应的小程序并获取小程序提供的服务。如此一来，小程序的服务功能便得到极大的丰富和增强。

微信官方对于“附近的店”这一功能进行了清晰的使用说明和指引。其中，微信官方要求小程序绑定的门店必须满足以下条件：

★ 必须可以在线下提供面对面服务；

★ 要具有营业执照或组织机构代码证等经营资质，同时，资质材料中显示的地址与门店地址相符，且经营主体与小程序账号是同一主体；

★ 店内需放置与门店对应的小程序二维码宣传材料。

“附近的店”功能将为本地生活服务类、线下门店以及社区 O2O 类商家带来新一波的流量红利。对社区生活服务创业者而言，面对小程序带来的流量和营销红利，要在全面深刻把握小程序运用的基础上，结合社区服务行业的产品特质、市场痛点等内容，有针对性地改善创业项目，实现降本、提效、增质，从而既为用户提供更优质的产品和服务，也使项目更好地落地、成长、发展。

◎ 精准定位，制定相应的开发策略

微信小程序在发布之前，就引起了业内人士的普遍关注。那么，面对小程序的推出，公司管理层人员、创业者、实体店主应该采取哪些应对措施才能抓住发展机遇呢？

站在企业管理层人员、创业者、实体店经营者的角度来分析，他们关注的不是腾讯通过小程序要进行哪些布局，也不是小程序将使移动生态出现哪些变化，以及小程序推出的划时代意义，而是怎样能够依托微信平台，在小程序快速发展的今天，采取有效措施，推动企业的发展、使店铺经营能够获取更多的利润。

◆ 小程序定位背后的三大特点

微信小程序可随开随用，使用结束后即可退出。这也是微信团队对小程序的定位。企业只有在明确官方定位的前提下，才有可能依托微信平台，利用小程序吸引用户关注，以免在开发中途才意识到自身的产品定位与小程序本身的生态布局方向并不一致。在此定位下，小程序需直接服务于用户，并快速响应其需求。

此外，微信平台以社交功能为核心，而大部分社交用户更专注于聊天本身。因此，小程序在设计时要突出直接服务与快速响应，所有不符合这两点的功能都应该进行精简或舍弃。

小程序的定位决定了它具有如下特征：以轻为主，无法积累用户及数据，只向用户呈现核心服务。

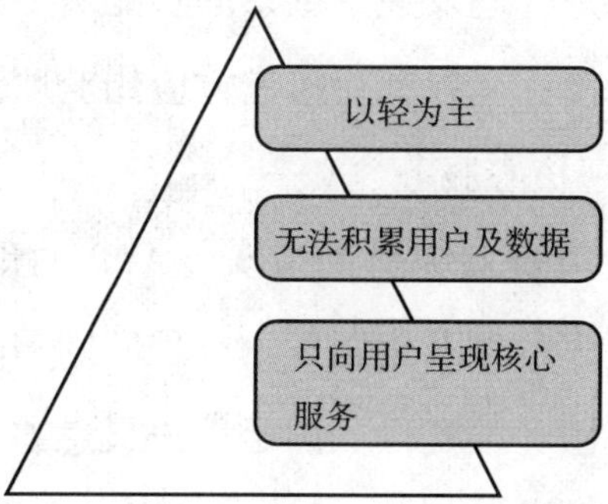

图 3-2 小程序定位背后的三大特点

1）以轻为主

微信团队始终遵循的设计原则是，用户使用结束后即可退出。这并非是指缩减微信的功能，而是强调两个方面，一方面，微信不会盲目添加新功能，另一方面，除核心功能之外，用户不会受到其他功能的干扰。概括而言，就是以微信社交功能为中心开展运营，避免本末倒置。

因此，小程序的功能设置简洁明了，以滴滴出行的小程序为例，其传统 APP 的主页中包含众多内容，用户需从中选择与自身需求对接的服务类型。相比之下，小程序的主页则直接显示出发地点、目的地及呼叫专车的功能键。由此可见，小程序必须注重功能的简洁性，能够对接用户的核心需求，这就需要在设计环节做到精简。

2）无法积累用户及数据

由于用户在使用结束之后就退出小程序，使得小程序难以获取长期用户，也无法获取相关数据。反之，若小程序能够积累用户及数据，就与传统APP之间没有什么差别了。再者，在微信平台中，很多用户会边聊天边使用小程序，要反复在小程序与聊天界面之间转换，另外，小程序只能在微信平台中应用，也就无法实现对外引流。

所以，小程序在设计环节并未考虑长期用户的积累，在这种情况下，也就无须设置用户管理及关系维系的功能。不过，小程序与第三方应用能够实现对接，商家可以利用第三方应用获取海量数据。

3）只向用户呈现核心服务

在移动互联网发展日益完善的今天，APP的设计追求功能的丰富性、综合性，包含更多的细节化服务。小程序则需要与其区分开来，因为小程序着眼于核心服务的提供，满足用户最急迫的需求。另外，微信规定，小程序的大小不能超过1M，在这个体量范围内，小程序只能聚焦于核心功能的展现。

以小程序的三个特征为基准，参与主体怎样才能利用小程序挖掘商业价值，推动自身发展呢？对此，主体的立场不同，其关注点也不同。微信凭借庞大的流量基础推出小程序，允许企业或商家通过小程序服务用户，并保证流量不会被引导至其他平台。

◆ 大公司、创业者、实体店如何定位小程序

考虑到小程序以轻为主、无法实现用户及数据积累、提供核心服务的特点，企业管理层人员、创业者及实体店对小程序的定位是不同的。

1）实力型企业利用小程序促成交易

以滴滴出行、大众点评的小程序为例进行分析，其主页为用户提供的都是核心服务，服务于用户的直接需求，能够为用户利用平台进行消费提供便利。

企业之所以这么做，是因为小程序无法实现用户积累，也不能进

行对外导流，这样一来，对实力型企业而言，最直接、可行的应用方式就是依托微信的流量基础促使用户完成交易，而除此之外的其他需求，如企业的产品推广、用户获取等可能危及微信平台的发展则不被允许。

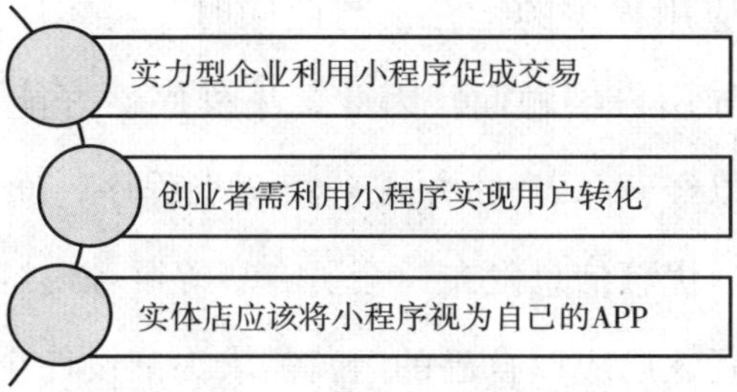

图 3－3　参与者对小程序的定位

2）创业者需利用小程序实现用户转化

由于实力型企业并不缺乏流量，其 APP 的功能也十分完善。因此，实力型企业推出小程序的目的是，为微信平台中的用户提供服务，与传统 APP 的运营形成补充。但创业企业则不同，虽然企业可能拥有自己的 APP，但缺乏流量支持，难以通过小程序打造微信平台的生态体系，因此，创业企业需利用小程序进行用户转化。

由于用户在使用结束后即可退出，创业企业很难通过微信平台实现用户积累，也无法获取数据信息。若企业推出的小程序只是在微信用户产生需求并且记起来时才会应用，企业无法通过这个途径增加自己的用户规模，小程序推出的价值就得不到体现。为了解决这个问题，小程序在设计环节就应该使其应用既不违反微信的原则，又能对用户形成吸引力。在这方面，企业可以推出精简版但能够为用户提供优质服务的小程序，如此一来，用户就会在获得满意服务的基础上，转而关注企业的独立产品。

3）实体店应该将小程序视为自己的APP

与初创企业相比，实体店经营者不会有运营独立APP的长远目标，其推出小程序的目的也比较简单。当APP呈蓬勃发展之势时，很少有实体店经营者会进行APP的打造，因为APP的研发成本较高，而经营者也不擅长移动应用程序的运营，与此同时，实体店进行线上渠道开拓，只是为了增加用户接触面，因此，小程序恰好能够满足其发展需求。实体店应该以经营APP的方式来经营小程序，通过小程序向用户提供预定、配送、优惠信息发布、会员专享等服务内容。

举例来说，餐饮店应以自己的运营需求为准设计小程序的功能，使用户可通过扫码方式进行点餐并下单，不必排队等候，方便结账。服装店不妨在小程序中添加会员积分功能，在传统模式下，服装店会给顾客发放会员卡，但很多消费者并不会妥善保存，如今，用户只需在店内打开小程序，扫描二维码就能完成积分记录，无须出具会员卡，也不用安装服装店的APP。

综上所述，小程序聚焦的是用户使用频率较低，但在某些情况下仍然会用到的移动应用，那些高频、刚需的APP并不会因此面临危机。从企业发展的角度来说，微信小程序能够使它们实现微信用户商业价值的开发。不过，在设置小程序功能时，需要明确其定位，使自己的功能及服务符合小程序自身的特征，这样才能从小程序的开发中获益。

◎ 猫眼小程序：娱乐消费的新入口

从小程序内测和正式上线后的发展态势来看，一些小程序类似于APP应用的简化版，只具有核心功能，无法为用户提供APP的多元化服务。不过，猫眼电影和大众点评开发的两个小程序基本上覆盖了一个完整APP应用的所有功能，不仅对内容进行详细分类，还能让用户在小程序内进行搜索。

如此，小程序能够为用户提供与原生APP类似的应用体验，同时又不需要用户下载安装即可便捷地获取完整的应用服务，显然更易受到用户的青睐。如果随着小程序的发展成熟，用户可以通过微信系统获得90%以上的日常服务，那么就意味着微信将会全面取代APP。

不过，小程序并不是对APP的简单复制和替代，而是对应用服务范围的拓展。以猫眼为例，作为微信小程序内测时的获邀者，猫眼电影在3个多月的小程序开发测试中，通过小程序版本的更新升级，不断丰富应用功能，致力于为用户提供更好的服务体验。

例如，猫眼最初推出的微信小程序只提供线上购票服务，随后增加了智能选座、电影资料库的功能，而基于对小程序这一新应用服务模式认识和理解的逐渐加深，猫眼又不断在其微信小程序中增添新的服务内容，以充分满足用户观影方面的多元化需求。

当人们想看电影时，需要的不仅是便捷的购票服务，还有诸如了解电影好坏、与朋友分享等更多诉求。因此，猫眼电影在开发小程序时，深度结合微信平台强大的社交属性，不仅为用户收录了几十万部电影的完整资料库，还提供电影搜索、影片评论、电影资料分享等多元化服务，从而既通过微信小程序入口获得更多的流量资源，也提升了用户的应用体验，为用户创造出更多的附加价值。

小程序在提高用户效率、降低使用门槛方面拥有较大的优势。在文娱消费服务领域，用户有着明确诉求，希望直接在微信小程序内查询影讯、智能选座、在线购票、评论和分享影片。因此，猫眼电影的小程序应用并没有大幅缩减原生APP的功能，而是通过为用户提供触手可及、随时可用的便捷服务，实现提质增效的目的。

随着猫眼电影小程序的不断更新和优化，微信小程序将会成为未来猫眼电影一个十分重要的独立入口，并通过打通社交生态与商业生态、融合线上服务与线下场景，为用户提供线上线下无缝对接的一体化优质应用体验。例如，给第一次使用小程序的用户发放 5 元代金券；优化线下服务场景布局，通过猫眼小程序在用户需要的时候快速提供服务。

在流量获取难度和成本不断增加的情况下，社交口碑无疑是获取用户最高效、最低廉的方式，而微信小程序正是通过一系列的“去中心化”，将主动权和选择权真正交给了用户，需要时“触手可及”，不需要时便不会出现，充分体现了新商业时代以用户为中心的特质，为用户带来了更好的服务体验和更多的附加价值。

微信小程序的出现有利于应用开发回归产品体验本身，主要依靠口碑获取用户。同时，这种融合社交与商业、线上与线下的新应用服务生态，无疑会强化商业竞争中的“马太效应”，使好产品与差产品之间的差距越来越大。

小程序的诞生表明国内移动互联网走向成熟理性，更加关注细微服务和应用，争夺内容从高频刚需转向低频刚需；微信亦可借助小程序搭建从内容到服务的生态闭环，不但进一步巩固自身移动入口的地位，也有利于拓展支付、地图、广告等周边服务功能。

基于庞大的用户流量，小程序能够推动微信系统向“连接一切”的终极目标不断迈进；同时，小程序不仅为创业者提供了发展机会，更是能够像支付宝那样打通线上线下，为企业带来更为广阔的商业想象空间。

3.3 传统行业如何借助小程序实现移动化转型

◎ 旅游企业如何挖掘小程序红利

如今，完成小程序开发并投入运营的旅游公司包括四类：航空公司、酒店、线上旅游服务平台及旅游攻略社区。因为小程序的开发周期短，体量不超过1M，所以，与之前企业推出的传统APP相比，小程序的功能更简洁，操作难度也明显降低。

航空公司推出的小程序可以为用户预订机票、办理乘机手续、查询航班动态信息、改签机票等提供便利。其中，东方航空与春秋航空的小程序聚焦于机票预订功能；海南航空则着眼于航班动态查询、机票改签等预订环节之后的服务提供；东航旅行将机票与酒店预订结合起来，为消费者的旅行提供便利；美团点评发布的“机票小管家”小程序，可提高退票信息的开放性，用户可随时查询。

酒店公司中最具代表性的当属华住酒店集团与铂涛酒店集团，这两家酒店都实现了微信与其会员数据信息的共享，可以为用户提供预订服务，并在服务提供过程中获取用户的个人信息。酒店集团可通过小程序实现用户与线下服务的对接，给在线旅行社带来了冲击。除预订功能之外，华住酒店集团未来还计划囊括房间选择、客房服务及发票预留等多种服务，形成完整的线上服务体系。

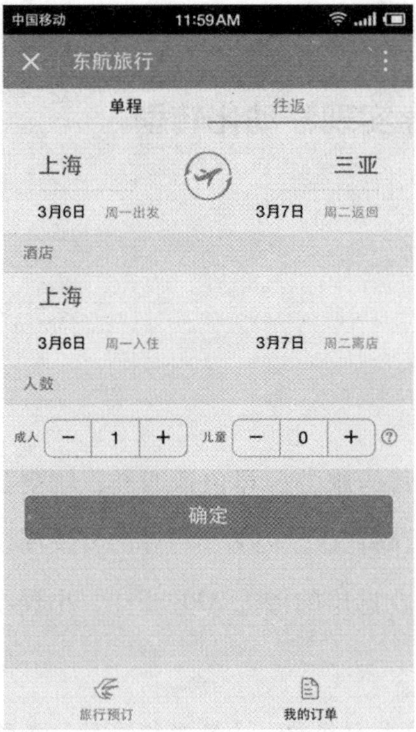

图3-4 “东航旅行”小程序

图3-5 “华住酒店+”小程序

携程、同程、艺龙是在线旅游服务平台的代表。其中，携程与同程旅游的小程序可帮助用户提前预订汽车票、火车票、机票及酒店房间。艺龙的小程序可预订酒店，也可获取信息，并进行订单管理操作。

旅游自助分享社区“蚂蜂窝”致力于为用户提供全球各地的旅游指南，该平台推出的小程序现阶段以旅游攻略的输出为主导，未来会增添票务功能。穷游网的小程序涵盖了问答社区，以穷游为主题的社区原本就是建立在用户原创内容的基础上，问答形式则能恰到好处地融入其运营方式。

图3-6 “携程酒店机票火车票”小程序　图3-7 “蚂蜂窝攻略”小程序

在小程序发布的初期，运营方会对用户的反应及用户的关注点进行集中分析。这段时期会存在不足之处，通过进一步调整和优化，小程序的应用价值会得到进一步的突显。

立足于当前的发展趋势来分析，旅游企业在通过微信小程序开发商业价值时，应注意以下几个方面：

首先，从总体上分析，用户对旅游业务的使用频率较低，旅游公司以线下服务为主导，符合小程序的特性，包括航空公司、旅行社、线上旅游平台及酒店住宿在内的许多旅游公司在长期发展过程中都积累了众多线下资源优势，这类公司更适合推出微信小程序。如今，同程旅游的小程序能够向用户提供汽车票、火车票、机票的票务预订及查询功能，并可通过扫码购买景区门票。

“朋友家精选民宿”这个小程序在微信小程序发布当天的排行榜中跻身前100名，位居第23位。这是首个面向用户的民宿类小程序，在同领域内抢占了发展先机。这个小程序根据消费者对客房的需求，向用户提供房源搜索、房间预订、订单管理等服务，使商家能够通过网络平台服务于用户，并提升了用户体验。

其次，相较于传统APP的开发，小程序无须过多的成本投入，很多实力型大企业将小程序作为补充，而一些资金实力有限的小企业则通过小程序解决了传统模式下无法克服的困难。例如，以同程旅游为代表的企业，小程序的应用能够扩大其用户接触面，但主要发挥辅助作用，当用户对核心业务之外的服务提出需求时，仍需通过APP获取相应的内容。

社交民宿平台“朋友家”是一家初创企业，小程序的应用能够对公司发展起到重要的推动作用。由于微信公众号缺乏交互性，通过微信平台难以向APP导流，而小程序不仅拥有更完善的服务，还能轻松实现用户从公众号到小程序的迁移。因此，“朋友家”将公众平台与小程序的运营结合起来，通过公众平台输出内容，积累用户，当用户产生订房需求时，就会进入小程序。如今，消费者越来越倡导自由行，除酒店、机票之外，其他旅游相关的产品也会吸引初创企业的开发，并推出小程序。

最后，当某个新领域得到开发时，那些能够聚焦于自身发展，且擅长应用行业发展规则的企业，更能突显自身的实力。那么，小程序推出后，如何才能吸引用户关注，扩大其应用？目前，二维码扫描方式是小程序的主导入口，为了获取用户，企业应着力进行线下宣传，为了促使用户向好友或主题群分享，应充分发挥企业在长期发展过程中积累的流量优势，并在小程序设计过程中，注重突显其创新性和实用性。

艺龙在运营小程序的同时，还与自身的微信服务号、公众平台、微信钱包等形成完整的生态体系，向用户开放小程序体验入口，推动其进入自己的小程序。为了扩大宣传，艺龙除了在微博、微信中发布小程序相关信息，还在火车站、机场及酒店进行宣传，扩大艺龙小程序与用户的接触面，而且艺龙可能会在后续发展中以广告的形式进行推广。

在2014年11月召开的世界互联网大会上，腾讯创始人及首席执行官马化腾强调，腾讯的目标是“连接一切”，微信平台自然是这个任务的主要承担者。腾讯发展至今，在人与人、人与服务的连接方面都取得了显著的成绩，但在人与物、人与服务的连接方面仍未见起色，因此，许多业内人士对微信服务号的作用纷纷提出质疑。

微信小程序将使腾讯在人与服务、人与物的连接上迈出一大步。借助于微信小程序的运营，微信的发展将趋向于“操作系统”。调查结果表明，大量APP对用户的吸引力都在逐渐降低。相比于传统APP相互独立的状态，微信具有明显的社交属性，用户可将小程序分享给好友及主体群，能够通过小程序获取更多的用户；而且，用户还能在各个小程序间进行切换，例如，在用完地图应用后，可进入打车应用，满足自己的出行服务。

◎ 汽车后市场如何与小程序结合

立足于汽车后市场发展的角度进行分析，今后的汽车消费者需求将会产生何种改变？汽车公司及经销商应该为用户提供哪些相应的服务？汽车服务市场能否利用微信小程序推动自身发展？

要回答这些问题，首先我们需要分析一下微信小程序的构成方式。简单来理解，微信小程序就是为其他开发者的数据展示及信息互动提供平台支持。目前还不能实现以 QQ、微博为代表的第三方应用分享，也无法进行链接访问，仅限于扫描二维码或者通过定向入口使用微信小程序，所谓“定向入口”，即用户分享给特定的人或主体群。

大多数配备了完善的网络信息系统的汽车门店，都建立了个性化流程，其中，部分擅长经营的管理者，还会根据门店发展的具体情况建设完整的系统流程。但门店与门店之间、品牌与品牌之间的流程会存在或多或少的区别，其关注点有所不同。由于行业内没有建立起针对业务流程的统一标准，给系统开发带来了巨大挑战。

以用户预约上门洗车为例，不同的门店有不同的流程，例如，有的门店要求用户将大致到店的时间段、需要的服务类型事先告知；有的门店则要求用户提供到店的准确时间段、车位使用及需要为用户预留的车位等具体信息；有的门店则提倡用户先进行在线车辆检测，以检测结果为基准进行相应的服务预约。

另外，互联网公司与软件公司在生产定制化系统时需要大规模的成本投入，但传统汽车门店在这个环节的资金预算十分有限，因此，其系统产品难以进行个性化定制。

对此，可以将各个门店的功能需求进行整合，使其适用于每一家汽车门店，消费者可以根据自己的需求进行功能选择。然而，在当今时代，不同的门店、不同的用户，其需求也各不相同，个性化特点十分突出，难以实现完全统一。

小程序的诞生，则可能为汽车门店的系统建设提供有效的解决方案。

小程序的应用可以与特定业务场景的需求相对接，不仅如此，它在研发环节无须投入大量成本，汽车门店可针对顾客需求，设计多种业务流程，并通过小程序面向不同类型的用户。

在具体实施过程中，汽车门店应该建立完善的业务流程，在此基础上搭建业务场景，并将互联网融入其中。另外，还应该与优秀的系统软件供应商达成合作关系，推出个性化的小程序。通过这种方式，汽车门店能够充分发挥互联网技术的优势力量，提高自身竞争地位。

不过，有一点需要明确，受到小程序本身属性及其传播渠道的限制，门店无法通过小程序获取流量，换句话说，就是按照目前的发展情况，小程序无法发挥营销流量入口的作用。所谓营销流量，举例来说，就是有些商家与网络平台合作，以广告形式进行产品或服务推广，用户的关注及访问即营销流量。既然小程序无法发挥导流作用，门店应怎样发挥其价值呢？

用户可通过扫码或指定分享进入小程序，对门店而言，要注重小程序的经营，通过小程序的运营实现自身业务推广及发展，促使消费者成为其小程序的用户，提高其黏性，并使其通过分享使小程序的应用更为普遍。

推出小程序的门店，需要在建立网络业务流程的基础上，在经营方面投入足够的时间与精力，充分发挥消费者的推广作用，在这方面，许多汽车门店都陷入了困境。从这个角度来分析，小程序的推出，会使不同门店的经营能力区分更加明显，使处于弱势地位的门店迅速走向衰落。

对于现在的汽车消费者而言，购买汽车固然能够为其带来出行便利，但同时也增加了负担。举例来说，汽车需要定期进行保养，出现问题后还要申请理赔，等等，这还不包括汽车闲置导致的成本消耗，所有环节都需要消费者花费时间与精力。

另外，消费者购买汽车不仅是为了方便自己出行，还想借汽车显示自己的地位。但随着人们生活方式的改变，现如今的汽车营销方式可能在将来过时，随着“90 后”的年轻人逐渐成长为消费主体，人们的主流价值观念将发生大幅改变，在共享经济时代下，消费者的关注点将转移到不同于现在的其他方面，未来，人们对汽车的购买需求可能会下降。

汽车公司及经销商需要在满足用户出行需求的同时，帮助其减轻购车带来的种种负担，为此，商家需要对原有运营模式进行改革，使客户既能得到高质量的服务，又不必处理许多琐事。为了更好地服务用户，商家还需将自身运营与供应链下游的各个环节（包括汽车租赁、售后服务、二手车处理等环节）的服务实现对接。

为此，微信小程序在后续发展中还需进行功能方面的优化，从而助力汽车后市场的发展。

◎ 碧桂园酒店：打造移动会员体系

2017 年 1 月 9 日，微信小程序上线当天，碧桂园酒店集团便推出了

“碧桂园凤凰国际酒店”小程序，着力打造线上服务应用；紧随其后，2017年1月11日“碧桂园酒店”APP也正式投入运营，这是碧桂园酒店集团面向其会员用户推出的移动应用，顾客在安装其移动应用程序的基础上，能够申请成为“碧桂园凤凰国际·凤凰钻石会”会员，获取企业面向会员用户推出的各项服务。通过微信小程序和企业APP，碧桂园酒店进一步完善了自己的会员体系，更好地服务顾客群体。

◆ 四大线上平台合力，打造全移动端生态链

碧桂园酒店集团的“凤凰钻石会”主要面向企业的长期用户，旨在为顾客提供高品质的定制服务，满足其个性化需求。会员用户不仅能够获得专属优惠，还能参与企业的积分计划及年度奖赏，并享有贴身管家、延迟退房等特权。

此外，碧桂园假日酒店、碧桂园凤祺公寓及碧桂园凤凰酒店，都隶属于碧桂园酒店集团，参与积分活动的会员用户，能够在这几个品牌覆盖的60家酒店内，凭借自己的会员身份，享受相应级别的特权服务。

自2016年凤凰钻石会投入运营以来，其会员数目仅用一年时间就超过了300万，成为我国高星级酒店中会员增长最快的一家企业，一方面，其会员体系是借助于碧桂园集团的资源优势发展起来的，另一方面，与企业在线上平台的业务拓展息息相关。

碧桂园凤凰酒店微信服务O2O平台于2015年3月正式上线，为企业的线上销售提供了平台支持，其运营取得了十分理想的效果。据统计结果显示，到2016年12月，碧桂园酒店集团的微信服务平台拥有50多万名粉丝用户，在我国所有高星级酒店中居于领先地位。

微信小程序于2017年1月9日正式推出，碧桂园酒店集团也是首批上线小程序的商家，除碧桂园酒店集团之外，我国没有第2家高星级

酒店集团率先发布微信小程序。

图 3-8　“碧桂园凤凰国际酒店”小程序

而“碧桂园酒店”APP 的推出，能够使该酒店集团在原有的基础上优化自身会员体系，自此之后，碧桂园酒店集团就实现了在传统电脑端、新媒体端及移动应用程序端的业务拓展，不仅如此，顾客通过碧桂园集团酒店的官方网站、微信服务平台、微信小程序及移动应用程序中的任何一个都能进行服务资讯及预约，这使该酒店集团在国内高星级酒店集团中处于优势竞争地位。

◆ 全新会员专属社区，极致服务一键获取

“碧桂园酒店”APP与其他酒店的传统移动应用程序存在明显的区别，用户不仅能够通过APP进行服务预约，还能根据自己的需求选择其中的个性化服务，获取资讯服务，与其他用户进行互动沟通，或者参与娱乐项目，等等。

“碧桂园酒店”APP使酒店集团能够依托网络平台开展业务运营，把线下渠道及线上的服务结合起来，酒店顾客及其会员用户能够通过APP的应用，随时进行服务查询及获取，方便其了解酒店的优惠活动，及时参与。

在“客房服务”模块中，消费者可通过填写手机号及预定号来预约相应的服务，如“客房点餐”“物品需求”“房间清洁”“洗衣服务”等项目。在“礼宾服务”模块中，顾客在填写预定号之后，则可根据自身需求选择“鲜花预订”“租车服务”，而不必再到酒店前台或者通过电话与服务人员进行沟通，经过繁复的操作才能获取相应的服务，从而帮助顾客节约时间，使其更方便地享受服务。

在今后的发展过程中，“碧桂园酒店”APP会趋向于社区化运营，旨在面向会员用户推出完善的线上服务体系，当其“活动资讯”功能模块上线后，用户就能及时了解碧桂园酒店集团的活动信息，不会因信息疏漏而无法参与其优惠活动。另外，APP中的“社交圈”模块，包含公益活动、用户社交、体验分享等多类社交功能，能满足顾客多方位的需求。“碧桂园酒店”APP是以住宿为中心，不断拓展其业务范围，向用户提供更为健康、完善的生活服务，满足用户在酒店预约、点评及互动等多方面的需求，并为其提供线上购物服务，形成综合性的服务体系。

随着互联网及移动互联网的高速发展，消费者的需求已不同于传统模式，对酒店的服务提出了更高的要求，通过移动应用程序的推出以及会员体系的优化，碧桂园酒店集团持续提升自身服务质量，并在发展过程中对原有管理模式进行优化，从而为顾客提供满意的服务。

“碧桂园酒店” APP 投入运营后，碧桂园酒店集团将实施“下载奖励计划”，具体而言，就是对于第一次安装“碧桂园酒店”移动应用程序的用户，该酒店集团将通过线上渠道向其发放价值 200 元的住房抵用券。

第 4 章　连接一切：以场景思维重构商业新格局

4.1　小程序的连接逻辑：实现连接一切的终极目标

◎ 关于微信小程序，你可能没有想到的点

微信平台向应用程序开放接口之后，其体量会不断增大，在这个过程中，许多程序开发者和服务提供商也会对自身运营进行调整，与此同时，后 APP 时代将悄然到来。

立足于产品功能的角度来分析，微信红包与支付功能是微信自 2014 年以来的两大着力点，其他功能基本保持原样。以这个角度为切入点，微信在后续发展过程中必须推出新产品才能突破现有发展局面。因此，微信的产品创新成为业内人士关注的焦点。

对微信的发展战略有深层次理解的专业人士都明白，微信团队经过长期酝酿，在不断完善自己的战略布局，对此，有人认为小程序便是微信的战略核心，事实上，这只是微信布局的一个组成部分。在后续发展过程中，微信会逐渐趋向于战略生态体系的建设，与腾讯的宏观布局对接。

那么，微信希望通过小程序的运营，达到怎样的战略目的呢？

1）方便用户通过单一入口轻松获取信息

在传统PC时代下，用户主要通过电脑浏览器进行信息搜索，能够在不同网站之间快速跳转，无须安装特定的程序。相比之下，手机用户就需安装不同的应用程序，也不能通过简单操作实现不同网站之间的跳转。在这种情况下，微信希望用户通过单一入口来满足自己的多元化信息需求，能实现这个目标的平台，就能建立起完善的闭环系统，并有效增强用户黏性。

能够拥有这种思路的经营者，通常会开发出类似于百度直达号的产品。但微信的战略布局远远超过此目的。

当智能时代到来时，用户连接网络的方式也会不同于当前，届时，用户智能终端将更加便携，其应用的即时性也会大大提高，智能眼镜等将成为人们获取信息的终端设备。当身边的事物进入到用户的视野中时，终端设备就能显示其相关信息，以及对应的处理程序。这意味着，用户获取信息的方式将更加迅速、便捷。例如，用户要控制一盏灯的开关，当他戴着智能眼镜时，该设备就会显示出相应的控制程序，以便于用户进行处理。再如，当用户戴着智能眼镜到达某个旅游景点时，眼镜上会显示出该地的售票程序。

由此看来，微信小程序的目的可体现在以下两点：第一点，是在用户产生信息需求时，能够使其轻松获取信息服务，并在各类信息之间快速跳转；第二点，是使用户能够在不安装各类应用的前提下，实现人与物之间的互联互动，即时获取信息，并通过小程序进行处理。

2）融入线下场景，以二维码实现线上与线下的结合

要实现人与物之间的互联互动，就要使自身应用与线下场景相匹配。举例来说，在传统模式下，用户到餐馆就餐时，需要在点餐时排队等待，而小程序的使用，则可以使用户在额外不安装任何应用的前提下，通过微信扫码的方式轻松点餐，在使用之后即可退出。

在线下场景中，除了要实现人与物之间的连接，还应将用户时间与注意力作为竞争重点。尽管线上用户在微信平台花费的时间并不短，但对于线下用户的开发还十分有限。因此，微信在今后的发展过程中，会将线下用户作为重点开发对象。

由此能够得出这样的结论：微信推出小程序的初衷是，突出自身的工具属性，方便用户快速获取所需信息，降低用户获取信息的成本，并实现线上与线下运营的一体化。

◎ 从“连接人与服务”到“连接一切”

微信本身具有较强的社交属性，其即时通信功能能够实现人与人之间的连接，到2017年初，微信日活跃用户接近8亿，与此同时，智能手机的应用更加普遍，微信能够满足用户之间的即时互动需求。另外，微信服务号能够实现人与服务之间的连接，而且，微信向其部分合作商开放了程序接口，进一步丰富了其服务类型。

微信小程序承担的则是人与商业之间的连接。举例来说，商家可以推出独立的小程序，并通过微信平台推出，从这个角度来分析，小程序

作为线下场景的入口则可被视为人与商业之间的连接。

小程序的图标在一定程度上反映出其“连接”功能，不仅如此，其标识还类似于“无穷（∞）”的符号。

在这里不妨推测一下，当微信小程序的应用得到广泛普及时，微信就发展成名副其实的商业平台，届时，会给其他巨头企业带来巨大挑战。而在国内，其地位最有可能受到影响的互联网企业毫无疑问是阿里巴巴。阿里巴巴的主要业务模块包括：以淘宝为代表的电商平台、以口碑网为代表的本地生活服务，和以支付宝为代表的金融服务。而微信的业务模块则包括：微信小程序、微信支付以及微信理财通等。

从商业服务与支付功能的结合角度来分析，在具备支付功能之后，微信商业服务的发展便拥有了坚实的基础。

由于支付、社交等领域的争夺，微信与支付宝之间的竞争将会持续。而微信小程序的应用范围，将在很大程度上决定其未来竞争的规模与力度。

从用户使用支付宝的应用场景、应用频次、使用时间和使用动机等方面来分析，很多用户主要是通过支付宝进行转账或者返还信用卡的资金，若是通过天猫或淘宝下单，也仅限于使用其支付功能，而不需要额外启动该应用程序。因此，支付宝主要是作为金融工具使用，其布局社交具有比较大的难度。

而微信对用户而言，除作为主要的社交工具外，不少用户还倾向于通过微信进行支付。举例来说，很多实体店都开通了微信支付，朋友之间的转账也可通过微信来完成。二维码连接方式能够使微信在支付方面的应用更为普遍，微信小程序的推出，则会给支付宝带来更大的挑战。

从用户时间花费上来分析，相比于支付宝，微信的优势也更为明显。对用户而言，产品体验是其最关注的方面，但支付宝在社交方面并未达到用户的需求。相比之下，微信的做法更为谨慎、在社交方面带给用户的体验也更好。为了更形象地说明微信与支付宝的较量，有分析者做出如下比喻：微信在社交方面占据核心地位，支付宝则在金融方面占据核心地位，如今，两方都在向中间拓展，在这个过程中，能够抢先到达中间点并遏制对方扩展的一方，就会取得胜利。

未来，微信小程序能够对用户所处的场景进行智能化识别，并实现小程序推荐，从而方便用户的信息获取与服务连接。当微信能够实现人与物之间的无缝连接时，用户就能与周边的事物进行互动，届时，微智能时代将正式开启。

◎ 新技术背景下小程序如何连接一切

小程序着眼于用户与线下服务的连接，在微信普遍应用的今天，扫码方式可作为普遍的连接入口，不仅如此，这种应用方式比 AR（增强现实）和 NFC（短距离无线通信）更加便捷有效，因此，很多商家都选择二维码作为线下与线上的连接方式。从这个角度来说，小程序的应用，能够促使商家更加注重线下体验，方便用户在线下场景的服务连接。

微信用户的生活方式将不同于以往，具体表现为：

其一，不再保留低频 APP。以往，用户会保留许多低频 APP，如旅游类应用程序，如今，用户更倾向于通过微信小程序来代替从而减少手机内存空间的占用。

其二，微信的应用更加丰富，通过即时通信、社交及服务连接的方式，进一步占据用户时间。从低频 APP 使用中节省下来的时间，将转移到微信平台上。微信推出小程序后，其工具属性将更加明显，服务提供也更加丰富。微信小程序涉及各行各业，其服务类型具有多元化特征，由此可以分析出，微信在早期规划阶段便有意拓展为覆盖范围广阔的生态系统。

在这种情况下，服务商能够从中获得许多益处：

对于本地生活服务提供者及电商企业，特别是与微信达成合作关系的商家而言，微信小程序能够突出原生 APP 的关键功能，扩大用户的覆盖范围，进一步提高用户使用频率，能够借助微信小程序带动自身发展。

当越来越多的商家完成小程序的开发，它们将通过微信平台触达目标用户，此时，本地生活平台的发展将面临严峻挑战，随着微信闭环生态体系的形成，用户黏性也会逐步提高，其他 APP 的使用率将进一步下降，甚至被用户完全放弃。

微信着眼于线下服务的连接，致力于根据用户所处的地理位置为其推荐相关的小程序。不仅如此，在后续发展过程中，微信将可能根据用户使用的时间、当前所处的场景、用户的行为等进行小程序推荐。举例来说，当用户在商场购物时，接近午饭时间，微信能够以用户本身的个人喜好、消费特征、商家活动等为基准，为其推荐附近餐馆的小程序，方便用户使用。

随着移动互联网的进一步发展，我们将进入人工智能时代。从宏观发展的角度来分析，微信致力于当用户不再使用手机时，可以通过应用增强现实技术（AR）实现人与物之间的连接，能够方便用户即时获取周边事物的相关信息，并启动对应的控制程序。当前，这种应用方式还未实现。

仍以上文中提到的用户通过智能眼镜控制灯开关为例，在看到灯时，眼镜就会显示该产品的相关信息，包括品牌、制造商、亮度等，不仅如此，用户还可启动相应的小程序，根据自身需求进行亮度调节。

微信在今后的发展过程中，也会朝智能化方向发展，致力于实现小程序与具体应用场景的结合。

通过这些分析不难发现，微信推出小程序是从长远发展的角度考虑做出的决策：微信通过小程序的推出，能够方便用户获取信息，还能将线上与线下结合起来。微信平台承担着腾讯“连接一切”的使命，微信小程序则能够实现人与服务、人与商业之间的连接，近一两年内，微信与支付宝及其他应用平台会展开激烈的竞争，进行市场争夺。

当微信成为众多商家的入驻平台后，其应用范围会不断拓宽，很多服务提供商家也会采取应对性措施，后 APP 的帷幕会慢慢拉开。届时，微信能够借助普遍应用的手机设备，为用户提供各类人工智能服务。当然，其应用范围的拓宽也面临许多未知因素，例如，能否切合用户的需求；能否突破应用场景的限制，扩大其应用范围；能否在找到合适切入点的基础上，寻求更加长远的发展；能否在商业服务与用户体验之间平衡；等等。

未来，如果微信小程序的价值含量不断提高，其对用户的重要性也会随之上升，如此，微信才会成为不可替代的刚需产品。

◎ 构建完整的微信闭环生态体系

如今，所有互联网实力型企业都致力于通过自身发展，实现人与信息、人与物以及人与服务之间的无缝连接。微信公众平台于 2016 年 9 月 22 日公开发布微信小程序内测邀请，并于 2017 年 1 月 9 日正式上线小程序。对腾讯而言，微信小程序就承担着连接人与服务的使命。

在长期发展过程中，腾讯逐步形成了自己的闭环生态体系，围绕QQ与微信平台的运营，腾讯通过投资58同城、大众点评为代表的本地生活服务，搜狗信息搜索，滴滴出行、京东商城等电商企业形成完善的服务体系，其中，QQ与微信作为移动端的核心入口，方便用户进行联网。此次，微信团队推出小程序，是希望人们能够通过微信平台获取更多服务，进一步补充其闭环生态体系，促使各个环节之间实现紧密连接。

腾讯于2016年1月11日召开了专业微信公开课，其间，微信创始人张小龙透露，微信团队会在订阅号、服务号之后，推出微信应用号，服务号能够将微信与服务连接到一起，微信小程序则能够依托微信平台，通过应用程序编程接口将微信与低频应用连接起来。

腾讯在发展过程中，通过并购的方式拓宽生态体系的覆盖范围，而小程序则能够使腾讯实现规模化扩张，能够将中小应用纳入到自己的生态体系内，利用小程序实现微信与其对应的APP之间的连接，进一步完善自身的服务体系，充分发挥微信作为线上服务入口的价值。

此举标志着微信闭环生态体系的进一步拓展，微信通过“小程序”能够进一步丰富其服务层次，实现用户与服务之间的连接。

在内测阶段，小程序就为开发者提供了多项服务及功能连接，帮助运营方更好地服务于微信用户。举例来说，小程序开放了Swiper滑块视图容器、滚动视图；文本内容、图标设置、进度条服务；开发者还可添加功能按钮。

另外，小程序还开放了图片、视频、文字等组件，可获取用户的地理位置，并可根据运营方需求进行界面设计。可以说，微信小程序包含了传统APP的所有主导功能，又能够依托微信平台形成的生态体系，

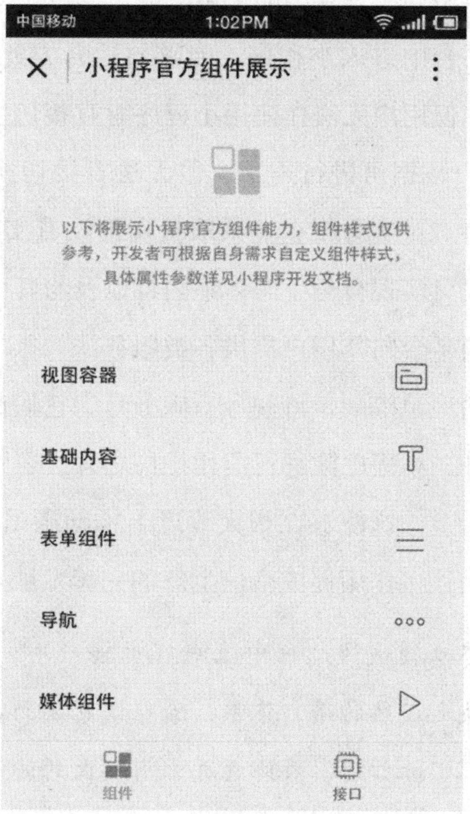

图4－1 小程序官方组件展示

大幅缩减自身体量，进一步补充并完善微信的服务架构。

微信平台通过小程序实现了与第三方应用的连接，从而囊括更多的服务类型，在此基础上进一步体现自身生态体系的完整性。

小程序能够让用户随开随用，使用结束后即可退出。与传统APP相比，小程序不用下载，因此不会占用过多的手机存储空间，用户在有需求时，才会在微信平台中打开。其应用更加简便直接，还能依托微信平台的用户沉淀及流量积累，进一步为用户提供更加多样的服务内容。因此，通过推出微信小程序，微信平台能够在原有基础上完善其生态体系，并提升用户体验，实现自己的生态战略。

用户在微信平台中进入小程序，能够与运营方此前推出的 APP 数据系统进行连接，但用户无法在使用小程序时直接切换到 APP。小程序与 APP 后台的用户数据可进行连接，但无法直接切换，如同微信在打造闭环生态体系时，对实力型企业采取投资但没有实施并购策略一样，腾讯通过这种方式可实现自身生态体系内部以及与其他系统之间连接的规范性，通过微信平台向其用户提供各类服务。

微信小程序的地位等同于订阅号、服务号，它们都是微信生态的重要组成部分。另外，小程序除进行应用推广之外，还致力于将多种应用汇集到同一个平台上，这能够在很大程度上推动腾讯开放战略的落地，通过发挥小程序的连接作用促成微信生态的完善发展。

百度在开拓移动领域的过程中上线百度轻应用，作为移动 APP 分发平台，但因为缺乏成熟的用户体系，除在信息层面占据优势之外，其应用服务并未发挥实际作用，最终也并未引起大的波澜。搜狐平台发布搜狐快站，同样需要信息的支撑，如今也逐渐淡出人们的视野。QQ 旗下的风铃建站推出后也并未走红，主要是因为运营方的思维仍局限于传统 PC 时代。如今平台的发展离不开用户的支持，而微信积累了庞大的用户基础，具有强大的社交功能，能够突破时空的限制，凭借这些优势因素，微信能够在商业化发展道路上走得更远。

微信小程序发布之后，微信生态体系变得更加完整，依托微信的社交属性，小程序在微信平台中能够快速推广与获取，微信也通过小程序实现了人与服务之间的连接。微信与百度、搜狐等都存在明显区别，受到微信定位及其本质的影响，以小程序形态推出应用号，发挥着连接作用，在微信平台中，用户能够随时随地获取所需的各类服务，并且能够随时退出，可通过简便的操作，在微信内搜索并启动应用。

微信通过上线小程序，弥补了微信生态在服务连接上的不足，建立起完整的闭环生态系统，类似于苹果的 APP Store，并使微信平台的发展趋向于操作系统，从而巩固了自己的优势竞争地位，掌握了更多的主动权。

4.2 场景构建：以最短的服务路径实现连接战略

◎ 搭建最短服务路径，节省用户时间

微信开发小程序的一个意图是希望重新定义服务路径的长度，搭建最短服务路径。在对小程序的讨论中，很多开发者都对小程序“触手可用、即用即走”理念产生了疑惑：产品不是应该想方设法留存用户吗？如果是用完即走的，又何必费心费力地去开发小程序呢？

这种疑虑其实是只看到了“即走”的一面。事实上，如果产品本身足够优秀，能够带来很好的体验，用户自然会“回来”重复使用。例如，能够为人们提供精准搜索服务的 Google，本质上也是“即用即走”，但用户在下次需要搜索服务时，首先想到的还是它。因此，微信小程序其实是让开发者回归到产品或服务本身，将更多的精力放在做好产品上。

另外，用户时间是一种稀缺资源，要想让用户在最短的时间内充分感受到产品的核心内容，获得优质体验，就需要建立最短的服务路径。

即将关注点放到“即用”上，让用户能够立刻感受到自己的产品是好产品。

如果将便捷性作为判断好产品的标准，那么服务号就不能称为一个好的产品。例如，用户想要买一张火车票，首先需要扫描关注一个购票服务号，然后花费时间在服务号中找到买票菜单，完成注册后才能支付购买。由此产生的问题是：为何不能扫码后直接购票而非要先关注服务号？如果在武汉扫码就自动默认为选择武汉出发的票，在北京南站扫码默认为此站出发的票，岂不是更好？

小程序为此提供了有效的解决方案：用户扫码后不用关注和注册，也不用花费时间去找买票菜单，而是自动通过微信账号登录立即买票，从而大大缩减了获取服务的路径，为用户带来更流畅的使用体验。这样，当用户下次需要购票服务时，自然会首先选择这一“即用即走”的产品。

从这一角度来看，微信用小程序替代服务号的一个重要原因是前者能够建立起更短的服务路径，节省用户时间，为用户提供更顺畅的产品体验。

1）线下场景

一个小程序可以生成多达10000个带参数的二维码，用户可以通过扫描不同的二维码进入同一个小程序的不同页面。以公交车站为例，如果城市中每一个公交站的每一路车的站牌都有不同的二维码，那么乘客等车时只需扫描相应的某路车的二维码，便可即时获悉该路车的实时位置和预计到站时间。

如果是通过服务号去做，虽然也有带参数的二维码，但却需要用户首先关注并通过相应链接进入公交服务页面；同样，利用APP获取服务，不仅需要专门下载，还需要用户手动输入需要查找的公交车号码。此外，如果将每一路车视为一个不同的URL，那么HTML 5也可以实现最快获取服务，但在使用体验方面却无法与小程序媲美。因此，小程序在候车等线下场景中是缩减服务路径、提供更优质使用体验的最佳方案。

2）社群场景

当前，拥有8亿多名用户的微信已成为承载线上社交关系的最主要平台，因此，微信小程序同样适用于社群场景特别是垂直社交产品。一个明显的现象是，由于微信套牢了人们的社交关系，因此，任何产品一旦与他人建立了联系，都会通过微信进行后续交互，而很少会回到原有的产品。

同时，人们的社交需求越来越垂直细分：喜欢观看赛车比赛的人希望与有相同爱好的其他人进行交流；喜欢旅游的人同样也想和更多的“驴友”分享沟通……然而，从微信公众号向APP特别是非刚需的垂直社交APP中导流并非易事，而且路径过长也容易造成用户流失。与此不同，小程序置顶、收藏、深度搜索的特点，则可以大幅提高垂直社交的用户转化率和活跃度。

3）协作场景

类似于社群场景，进行内部伙伴间的线上沟通协作需要借助微信以外的工具，而与外部伙伴的沟通又需要回到微信平台。如此，两个不同工具间的转换拉长了人们的沟通路径，也阻碍了信息的充分互联互通。

如果一个公司的内部沟通使用的是阿里巴巴的钉钉平台，而外部沟通依然借助微信，那么当阿里巴巴开发了一个钉钉的微信小程序时，则该公司内部和外部所有的沟通或协作便都可以整合到微信平台上，如此便大幅缩短了信息传输与内部协作的路径。

小程序能够缩短协作场景的沟通路径，一个重要依托是微信占据了国内用户的绝大部分时间，这使其他应用可以通过微信小程序分享微信独占的用户时间。

◎ 连接万物：代替服务号连接新场景

微信2016年公开课上，张小龙提到要做应用号；然后一直到2016年9月，备受关注的小程序（应用号）终于开始内测；而从内测到正式上线的几个月中，微信小程序提供的API、后台功能等也在不断变化。

其实，拥有1000多人的微信团队，参与小程序项目的人员至少有二三十人，同时微信也有多年做公众平台的经验，因此，如果单纯地做一个应用号，可能只是一两个月的事情。然而，小程序从提出到正式上线却用了长达一年的时间，这其中固然有新生事物自我完善优化的考虑，但更多的却是微信团队对小程序定位的不断推演和变化。

◆ 接棒微信服务号

微信服务号上虽然也出现了招商银行、朝夕日历、助理来也、Yoli口语等优秀的服务号，但与繁荣成熟的订阅号相比，服务号生态十分滞后。例如，像一条、二更、新世相等公司，初期只是做了订阅号便获得了可观的投资；与之相比，人们很少能听到只做服务号就能获得丰厚融资的。此外，订阅号领域也衍生出了很多周边服务，如WeMedia已在新三板上市，新榜公司则聚合了规模庞大的订阅号数据。

订阅号是微信打造的一个新创业生态，整个生态被关注、被投资的总量是服务号远远无法媲美的。服务号则是微信模仿订阅号的运作路径，将内容以外的服务也整合到微信平台中，只不过最终发展并没有达到预期的效果。

微信的最终目标是实现腾讯公司“连接一切”的战略图景，因此当服务号无法完成这一目标时，必然需要新的产品来承担这个使命，这即是小程序应用诞生的一个重要背景：接力服务号，完成对更多服务和场景的连接。

◆ 连接新场景

2016 年 9 月小程序开始内测时，由于其提供的框架和 API 所带来的程序体验远优于 HTML 5，因此当时业界就已出现了很多关于小程序是否会取代 HTML 5 和 APP 的讨论。不过这些讨论都脱离了具体的应用场景。

如果 APP 必然会被取代，那么这种替代也是由微信而非小程序完成，因为当前人们已经能够在微信平台中获得 90% 以上的常用服务，而不用单独下载安装一个 APP。

不过，在 2017 年微信公开课中，张小龙又提到了两个小程序运用的场景：在公交站中扫描站牌二维码便可即时获取下一辆车的到站时间；在汽车站中扫描二维码即可直接购买车票，而不用再去排长队等候。张小龙特意举出的这两个应用场景，表明了小程序定位的变化——重心在线下，是对更多线下场景的高效连接。

◆ 既替代服务号又连接新场景

一方面，从功能上看，使用小程序替代一些低频、用户使用体验不好的 APP 或服务号，对商家、微信平台和用户来说是一种共赢行为。

另一方面，在战略层面，小程序不断连接更多的线下场景，也是对腾讯公司“连接一切”目标的推进。

因此，从小程序提出、内测到正式上线，不论是外界期待还是微信团队的思考与推演，小程序的定位都在不断变化，从当前来看，微信平台更希望通过小程序实现更多的线下场景连接。

在2014年11月第一届“世界互联网大会”上，马化腾提出腾讯的战略目标是成为“连接一切”的互联网连接器，实现人与人、人与服务、人与商业、人与物品的有效连接。之后微信的一系列动作都是以此为导向的。

1）人与人的连接：当前微信平台已聚合了8亿多的日常用户，几乎每个有智能手机的中国居民都被微信连接。

2）人与服务的连接：通过服务号和微信内置的服务，人们可以在微信平台上获取阅读、购物、娱乐等诸多服务。

3）人与商业的连接：包括两个层面，一是连接服务，二是通过微信支付构建便捷、高效的线上支付手段。

4）人与物品的连接：这一点当前尚未实现，现实世界中仍有很多没有被电子化的物品，这成为腾讯实现“连接一切”战略图景的一大阻碍。

随着移动互联网和智能设备的发展和普及，近些年越来越多的公司将芯片嵌入到手表、空调、自行车、水杯、台灯等物品中，进而通过手机APP实现人与物品的连接。然而，人们不可能为所有的物品都安装一块芯片，因此需要更有效的方式去实现“连接一切”的目标。

一种理想的方案是，基于图像识别和AR技术，通过手机摄像头完成对物品的一一识别。然而，支付宝最近推出的AR红包玩法已经表明，当前的计算机和智能技术水平还远远无法实现对现实世界中物品的精准识别，不仅容易因为角度或光线问题出现识别偏差，而且多数用户也不愿意费力地去360度扫描所有的物品。

此外，NFC芯片也是一种有效的解决方案，但二维码的成本显然更低；同时，并不是每部手机都具有NFC功能，但国内每台智能手机却都具有二维码识别功能——微信和支付宝基本上已成为每台手机中的必备应用。

由此，二维码扫描便成为现有技术条件下连接人与物品的最佳“技术”手段：通过一张简单的黑白二维码，即可将现实世界的物品电子化，从而完成线上与线下、人与物品的有效连接，其背后体现的是微信通过小程序承载更多信息和服务的诉求。

从这一视角来看，小程序是微信完成人与人、人与服务、人与商业连接之后，进行人与物品连接的一次探索和尝试。无论是张小龙的举例还是小程序对线上导流方面的限制，都表明微信小程序的重心在线下，是为了连接更多物理空间的场景。

◎ 创新技术：提供更优质的服务体验

在小程序诞生之前，很多线下实体店商都在尝试使用微信服务号来为用户提供低成本、高效率的服务。

其中一个非常典型的场景就是到店微信点餐。在小程序出现之前，很多线下服务商都制定了微信点餐方案，但该方案的应用效果并不好。该情况出现的主要原因是，点餐场景需要即时响应，步骤较多，每一步对流畅度的要求都非常高。而微信点餐每一步都需要载入，流畅性较差，带给用户的体验也较差。

用户体验对于线上场景来说非常重要，如果用户体验较差，这个线上场景就难以维持。所以对于线下实体商家来说，它们愿意选择“本地网络 + APP”这种服务模式，因为该模式能为用户体验提供有效的保障。

小程序诞生之后，因为是在本地执行，所以流畅性非常好。再加上小程序的入口是桌面上的二维码，用户通过扫码可随时呼叫小程序。扫一扫即可打开应用，无须安装，无须下载，所以点餐小程序这个应用场景极具代表性。

微信小程序所采用的一项非常关键的技术能让小程序对很多非凡的场景进行重新定义。微信公众号及很多 APP，其通信过程都要借助“http”和后端来完成，“http”是一种单向的、无协议状态。用户发出请求，系统给出响应，整个过程不能实现实时连接。而微信小程序使用的是“websocket”通信，“websocket”与单向的“http”不同，它能实现双向实时通信。借助“websocket”，后端服务与小程序、小程序与小程序之间都能相互感知，发送指令，实现实时通信。

可能在很多人看来，小程序双向实时通信的实现隶属于技术范畴，人们对使用场景没有太多的认知。下面我们先来分析一个场景：

如果顾客直接来到理发店扫码请求服务，事先并没有在线上预约。在这个时候，理发店的服务人员可以在店铺的后端系统或者自己的小程序中直接进行控制，让其进入发型选择页面等需要的小程序页面，让顾客拍照上传照片，匹配发型，选择发型。待剪发完成之后，小程序会自动跳转到付款页面，顾客直接付款即可。

在上述场景中，借助于拥有双向实时通信能力的“websocket”，小程序和后端系统、小程序和小程序之间都能开展双向互动。简单来说，上述场景就是一个店员生成付款页面——客户埋单的过程。

在传统 APP 模式下，用户要想付款，首先要扫码；但是在小程序模式下，店员可通过它的小程序或者店铺后端程序对用户的小程序进行控制，引导客户的小程序自动跳转到付款页面，为用户带来更优质的体验。

“Websocket”不仅具有双向实时通信能力，还支持点到点通信。虽然现阶段，这个能力还没有在小程序中体现出来，但如果小程序能让这个能力落地，就又会衍生出很多应用场景，例如，用户直接通过小程序给摩拜单车的车锁发送指令等。总之，小程序的商业化应用场景非常多，只待逐一挖掘。

◎ 场景革命：移动互联网时代的颠覆

微信团队推出小程序，可能是为了弥补微信服务号的不足之处，或旨在通过小程序实现服务号的功能，使后者逐渐退出平台。

毋庸置疑的是，微信团队在 2012 年推出的订阅号给内容创业带来了全新的发展机遇，但微信团队针对企业上线的服务号在连接线下方面取得的效果十分有限。所以，当线上客户获取接近上限，用户获取的成本不断升高时，微信将连接线下的任务交给小程序，希望小程序的应用能够加速消费转化，推动企业发展。

微信小程序正式上线后，立足于用户体验的角度来分析，以美团外卖为代表的小程序在很大程度上沿袭了传统移动应用的形态，方便用户进行各项操作；以滴滴为代表的小程序提取了传统移动应用的关键功能，服务于用户的核心需求。由此可推测，偏向简洁应用的用户，很可能把手机中使用频率较低的 APP 卸掉，从而达到节省存储空间的目的。

微信小程序的推广渠道有限，无法在朋友圈中分享，无法进行分类管理，微信平台中也没有设置统一的入口。也就是说，微信不会向用户集中推荐小程序，在这种情况下，用户想要进入小程序，只能扫描二维码，或者利用微信的搜索功能查找；微信平台的“发现”板块虽然有“小程序”一栏，但其实仅相当于浏览记录，只显示用户之前应用过的小程序，用户还可根据自己的意愿进行保留或删除；另外，用户只能将小程序分享给指定好友或主题群，但能将其显示在聊天顶部，无须重复打开或关闭，也能添加到桌面，方便直接应用。

◆ 小程序可能改变移动互联网的几个现状

伴随着小程序的应用，移动互联网的发展可能会出现如下变化：

1）越来越多的用户将使用小程序来代替传统 APP；

2）通过“Java Script”研发出来的小程序，能够有效抵御手机病毒的侵扰；

3）围绕微信平台建立起完整的网络生态体系，用户可通过微信满足其大部分线上需求；

4）小程序的应用审核分发模式与“APP Store”存在共性，能够提高安卓应用的整体质量，用户不会再接收到广告信息；

5）更多的用户将通过微信端上网，给传统搜索引擎带来一定的冲击。

◆ 微信成为 APP“网址导航”和移动广告的收割机

添加小程序功能后，微信在成为 APP 分发平台的同时，也具备了“网址导航”的功能。另外，通过小程序推广的服务具有鲜明的地域特征，其营销更具针对性。例如，今日头条在2016年的广告收入超过55亿元，大众点评也达数十亿元，同样可观。

从这个角度来说，将有更多的媒体及O2O企业通过微信小程序做宣传。电商企业在进行地域推广时，能够将购买链接或优惠链接显示在线上平台，因此，通过微信端进入的移动商城，将能获取更多的广告代理机会。

◆ 微信向“操作系统”趋同，企业转型要融入微信生态

微信平台在推出小程序后，其发展逐渐趋向于“操作系统”，在此趋势下，移动互联网行业会出现如下变化：

1）随着传统APP推出自己的小程序，更多用户将转至微信平台，传统APP的研发需求会下降；

2）小程序的推出，会使传统APP分发平台面临压力，微信的地位不断提高，将许多传统APP纳入自己的生态体系中，改变原有互联网发展布局；

3）在小程序的发展带动下，微信会逐渐打造起微商群体的独立生态体系，为聚焦于细分领域的微商发展提供支持；

4）小程序的应用，便于企业打造独立的交易系统，并建立个性化的客户渠道管理体系。

◆ 连接线下线上沟通一切服务

由于微信小程序尚处于完善阶段，目前正式投入运营的小程序应用并不多，未来将有越来越多的小程序以二维码投放的方式进行连接，而通过二维码获取用户的运营模式，可能会成为微信将其他操作平台纳入自身生态体系的铺垫。

小程序的推出，除了将低频应用的APP纳入自身体系，其颠覆性还体现在：能够实现用户移动端应用与企业线下服务之间的连接。在今后的发展过程中，除微信支付之外，由企业自行推出的小程序，也能够将其线下业务及线上运营充分结合起来。

4.3 场景连接：打破“信息孤岛”，延伸线下消费场景

◎ 场景连接：让商业存在于无形之中

2017 年 1 月 9 日，微信小程序正式上线，引发了广泛关注。在此之前，微信创始人张小龙反复强调，各线下实体商业场景是微信小程序最大的入口，有力地诠释了“让商业存在于无形之中”这一理念。

现阶段，小程序已完成了第一阶段的接入，成功接入 200 家商户，其主要功能是为用户提供会员服务及预约服务。以接入小程序的肯德基为例，去肯德基吃早餐，很多时候都要面对排队的问题。为解决这个问题，很多肯德基门店都配备了自助点餐机，顾客可以在上面自助点餐，扫描二维码支付，省去了排队时间。

由此可以想象，在不久的将来，点餐一体机的制造商将面临新一轮的洗牌，与此同时，用户的手机中又会减少一款 APP。该应用向线下场景消费延伸，众多 O2O 业务的 APP，如保洁、打车、美甲等都将可能被小程序取代。

对于商家来说，小程序为其带来了诸多益处。但是对于依附于微信的公众媒体来说，小程序并没有发挥出想象中的作用。因此现阶段的小程序不具有推送消息、转发朋友圈等功能，是一个独立的应用。但是，用户可以在小程序中查看企业的公众号，并能相互跳转。如果用户被某企业公众号的内容打动，就会自然而然地关注这个公众号。

要想明确小程序的使用场景，首先要明确小程序的概念。关于小程序，张小龙对其做了如下定义。

“小程序是一种不需要下载安装即可使用的应用，它实现了应用触手可及的梦想，用户扫一扫或者搜一下，即可打开应用，也体现了用完即走的理念，用户不用关心是否安装了太多的应用，应用将无处不在，随时可用，但是又无须安装。”

在这个定义中有几个核心点，分别是“触手可及”“扫一扫或者搜一搜即可打开应用”“用完即走”“无须安装”。

在小程序的运营规范中有这样一句话，“一切以用户价值为依归、让创造发挥价值、好的产品是用完即走，以及让商业化存在于无形之中”。“让商业存在于无形之中”阐述了小程序诞生的本质。对于小程序来说，其最典型的应用场景就是商业场景，张小龙强调小程序最大的入口在线下各实体商业场景中也正是源于此。

◎ 搭建入口：实现线上线下深度融合

在传统互联网环境下，流量随入口流动。简单来说就是，在 PC 时代，流量主要集中在几大门户网站；在移动互联网时代，流量主要集中在微信之类的 APP 中。

在早期 O2O 模式中，线上与线下并没有实现深度融合，例如，用户想要在“58 到家”上寻找一个合适的钟点工，首先需要在 APP 上进行搜索、比较，选择钟点工。用户在线上下单，钟点工到用户家中服务，其与线上的联系就此隔断。

事实上，在真正的 O2O 模式下，线上与线下不应该是这样一种割裂的关系，线上与线下的过渡都应该非常自然。用户在线上下单，钟点工到线下服务，服务完成之后，应该再回到线上，而不是就此中断与线上的关系。

下面，我们以理发店场景为例，对其借助小程序实现线上与线下自然融合的实践进行探究分析。

某天，莉莉的闺蜜在微信上与她分享了一个小程序页，原来莉莉的闺蜜在某家理发店新剪了一个发型想让她评价一下。爱美是女孩的天性，莉莉在看完之后也有了去这家店剪一个新发型的想法。于是，莉莉就在小程序上预约了服务。预约完成之后，小程序要求莉莉拍摄一张脸部的正面照片并上传，之后，系统根据莉莉的脸型为其提供了合适的发型让其选择。莉莉选择了一款喜欢的发型，订好了剪发时间，支付了费用，并获得了一张会员卡。

到了预约当天，莉莉收到了小程序发来的提醒，同时收到了临时进店权限。这家理发店没有前台服务，用户进入门店只需到店扫码即可。莉莉进店的同时其到店信息就已被理发店的后端系统获知，进店之后，小程序会自动告知她服务技师是哪一位，与此同时，这位技师也通过手机收到了莉莉早已选择好的发型。

待服务完成之后，莉莉的小程序会自动发出服务完成及评价服务的提醒，莉莉可对此服务进行评价，如果愿意还可以分享给自己的好友。

如果好友也来此消费，莉莉还会收到一张优惠券。

这是在小程序的基础上构建的一种线上、线下深度融合的场景，用户在该场景中经历了多个入口。

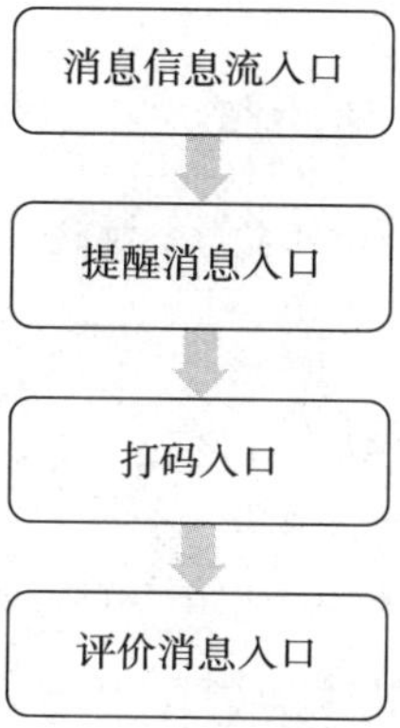

图4－2 用户通过小程序经历的入口

1）消息信息流入口。在这个入口，莉莉收到了好友分享的发型信息，引导她到该理发店预约理发服务。

2）提醒消息入口。到预约时间，莉莉收到了提醒她到店接受服务的消息。

3）扫码入口。在进门时，莉莉扫码开门，同时小程序将莉莉的进门信息发送到了理发店的后台系统中。

4）评价消息入口。理发完成之后，小程序驱动莉莉给出服务评价并分享。

对于微信小程序来说，将入口与线下实体商业场景相融合是其最终目标，也是对“让商业存在于无形中”的最好诠释。在微信公开课中，张小龙提到了两个入口，一是扫码入口，二是消息流入口。除此之外，还有一个更具想象空间的入口，这个入口能对去中心化理念做出最好的诠释，即小程序，也就是每个小程序都是一个入口。

在上述案例中，莉莉在预约时间到来前1小时收到“1个小时后开始服务”的消息提醒，此时，小程序可依据具体的地理位置信息对莉莉的出行方式进行判别，如果莉莉需要打车，在此场景下，小程序就充当了滴滴打车的入口。

在上述场景中，用户从预约服务的小程序直接跳转到了打车小程序，一键预约打车，无须再输入起点与终点信息。在传统的APP模式下，信息交流不畅，形成了“信息孤岛”。微信小程序推动信息实现了畅通流动，消除了“信息孤岛”，将每个小程序都打造成了一个入口。

◎ 线下扫码：用二维码连接线下服务

小程序没有集中入口，不能分享到朋友圈，也不能直接在线上识别二维码图片进入。这意味着，商家即便在一个网页或一篇订阅号文章中提供了小程序二维码，用户也不能通过直接识别二维码图片的方式进入小程序。

从当前来看，小程序入口包括线下扫码、精准搜索和朋友分享。微信限制了小程序的线上导流，而通过精准搜索和朋友间分享获取的流量也十分有限，因此，线下扫码便成为小程序最主要的打开方式，这也是微信倡导的入口。

可见，小程序通过对线上导流进行人为限制，促使开发者和商家更多地关注线下导流渠道，从而完成微信通过二维码连接物理空间的战略意图。

在APP商业模式蓬勃发展之时，一家公司仅仅依靠一个纯粹的线上产品便可能实现很好的生存发展甚至上市。然而，在APP市场高度饱和、竞争激烈的今天，用户在“APP Store”中可以轻易找到各种满足不同需要的APP，每个APP都在拼命争夺用户，其结果是一个新网站或新APP一年可能只拥有一个用户几十秒甚至十几秒的时间。因此，一个单纯的线上产品，如社区、工具、内容等，已经很难像五六年之前那样实现很好的生存发展。

小程序更多地关注线下场景，是对线上、线下的深度连接融合，因此，其主要价值不仅是解决HTML 5在用户体验方面的痛点，更多的是通过建立一个O2O闭环实现新的商业模式，为商家提供新的吸引和留存用户的方案。下面举例说明小程序是如何帮助创业者或商家抢占更多用户注意力资源的。

以一本书为创业项目，那么创业者显然希望用户能够认真地把书读完。然而，用户在线上进行阅读时，很可能还在玩着微信、看着综艺节目。在这种情况下，只需一个微信消息可能就会使用户脱离阅读状态，使用户的注意力从创业项目转移到微信上。

这时，如果创业者有权利将用户限制在一个封闭的小房间里并取走所有的电子设备，那么用户可能只需一两天就可以看完一本书，在这种场景下用户所有的时间都被这本书独占。当然，如果这本书拥有足够大的吸引力，能够持续占有用户的注意力，或者能向用户表明读完之后可以立刻获取财务自由，也同样能够让用户很快把书读完。

在上述图景中，书是产品，小房间是场景，吸引力则是创业者提供的优质服务。从当前来看，商家很难在线上将用户封闭到一个“小房间”里，让他们“专注看书”，因为用户对着屏幕时有太多的诱惑和选择。同时，在物理空间中用户的时间也是可以被某个线下场景独占的，如等公交时，被公交站台独占；吃饭时，被餐馆独占……

基于此，如果商家能够在这些线下场景中嵌入最适宜的服务，与线下场景共享其所独占的用户时间，便能在很大程度上避免其他产品或服务的干扰，增强用户黏性。例如，张小龙介绍小程序时提到的汽车站购票场景中，用户扫描小程序二维码的概率会远高于线上。这其实相当于购票小程序分享了汽车客运站所独占的用户时间，从而使用户更愿意关注和使用此种场景下的小程序。

这种结合具体线下场景的推广方式，显然比单纯的线上广告推送更容易获取和留存用户。特别是在当前线上流量获取成本不断攀升且多为一次性用户的情况下，如何通过线下场景渠道高效、低价地接入更多客户，已成为很多创业者和商家思考的重要内容。小程序对线下场景的高度关注，除了出于腾讯公司“连接一切”战略意图的考虑，也迎合了商家挖掘线下流量的诉求，因此一经上线便大受欢迎。

◎ 产品迭变：以场景化拓展商业版图

如果将小程序看作是连接更多线下场景的生态，那么这一生态中出现的产品可分为三个阶段：

1）摸索与搬迁阶段

在这一阶段，应用开发者会通过各种尝试探索小程序的玩法，互联网公司则将现有的业务搬迁到小程序平台中，将其作为一个流量入口，如美团、携程等。同时，各种围绕小程序生态的产品也在这个阶段不断涌现，如外包、快速拼装小程序的服务、培训、数据统计、广告联盟、小程序商店等。

小程序商店对用户而言意义不大，因为对小程序的获取与运用大多

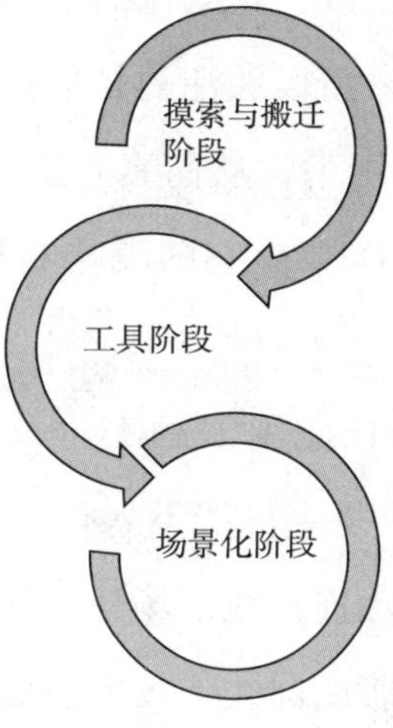

图4-3 小程序生态的三个阶段

是基于具体的场景需要而非在商城搜索获得，正如现在用户已经很少在APP Store中去寻找新的APP一样。不过，对开发者来说，小程序商店是分析竞争对手的有效工具，也可以为广告主的推广决策提供数据支持，因此其本质上是针对商家类的产品。

2）工具阶段

微信小程序的第一批“玩家”大多是互联网公司，它们的线下能力相对较弱，因此，多会出于成本考虑优先选择基于微信平台的线上场景，即这一阶段的小程序更多是扮演着一种满足用户需求的工具性角色。

互联网创业者大多具有敏锐的洞察力，能够快速、精准地捕捉到用户在微信中没有被满足且能够利用小程序来满足的各类需求，从而使上述提到的小程序应用的社群场景、协作场景在这一阶段出现。

3）场景化阶段

开发者的不断创新探索和具有影响力的互联网公司的产品搬迁，使小程序逐渐走入更多人的视线，场景化的小程序产品开始出现并被越来越多的普通用户青睐。这一阶段关注的是场景化和本地化，更多的线下流量将被聚合到小程序应用中，从而真正实现微信通过小程序打造线上、线下深度连接融合的O2O生态的战略布局，最终实现腾讯“连接一切”的目标。

小程序的最大特质是让应用“触手可及”，能够让用户“即用即走”。微信对小程序的定位是主推线下入口，并通过人为的线上导流限制鼓励开发者更多地关注和连接线下场景，从而一方面拓展新的流量渠道，另一方面也帮助微信版图向线下场景扩张深耕。

在APP市场竞争越发激烈、线上流量获取成本不断攀升的情况下，小程序的出现为开发者、创业者和商家提供了以下新的思路：

与线上流量空间趋于饱和不同，线下依然有着众多流量和连接机会；开发者和企业应该更多地关注线下场景，通过场景化精细运营吸引和留存更多的用户；回归产品和服务本身，为用户提供更优质的产品或服务体验；在注意力成为稀缺资源的大背景下，积极构建用户与产品或服务连接的最短路径，让用户在最短的时间里获取产品的核心特质与价值，增强用户黏性。

第 5 章　营销变局：如何利用小程序实现品牌营销

5.1　小程序：移动互联网时代的新型营销工具

◎ 微信小程序时代的数字营销变革

小程序以其轻量级特征被人们熟知，同时，其作用和价值十分显著，小程序推出后，受到众多领域的关注，无论是互联网还是数字营销行业，都将因此发生变化，小程序的发布将为这些行业带来新的发展机遇，不过，并非所有参与者都能抓住机遇，其中也包含许多复杂性因素。

◆ 小程序对互联网与数字营销行业的影响

小程序在技术方面更加精简，着重表现其创新性、趣味性及鲜明的个性化特征，小程序的推出，能够使互联网与数字营销行业的布局出现变化。可通过如下四个方面表现出来：

1）微信生态体系的变化

微信平台推出小程序，成为主要流量入口，突出自身的优势所在。小程序能够吸引 APP 的分散用户群体，为实体商家积累流量，通过扫描二维码或指定分享的方式进入，促使用户在应用之后进行推广，在微信平台中形成完整的闭环体系，与微信公众号的应用及传播存在共同之处。

2）原生 APP 的变化

微信小程序的推出，能够帮助中小企业降低在 APP 开发方面的成本投入。对用户经常使用的 APP 而言，小程序对其的影响并不大，而低频 APP 在传统模式下对用户的吸引力本来就十分有限，也不会因为小程序推出而受到太大的冲击，还能抓住机遇迎来全新的发展。

因此，从根本上来说，小程序能够减轻中小企业在传统 APP 开发上面临的压力，也能给用户使用低频 APP 带来便利，而那些处于高频与低频中间段的传统 APP，则会因小程序的推出面临挑战。

3）精准营销企业将改变传统推广策略

微信小程序的推出能够使传统营销运营方式发生改变。营销企业需要对小程序的使用情况、用户关注的功能等进行分析，通过数据获取及分析，为小程序开发提供参考。另外，还要对线下渠道的推广方式进行优化与调整。

4）传统线下产业将进行线上渠道开拓

小程序将驱使实体业务开拓线上平台。小程序的精简性有助于 O2O 营销方与消费者达成交易，在今后的发展过程中，有关教育、生活、物流、金融服务等各个领域的小程序都将纷纷涌向市场，驱动中小型实体商家采用线上、线下一体化的运营方式，实践O2O模式。

在小程序开发过程中，开发人员需要更加关注交互功能的完善及其运营方面的设计，而不是仅限于通过小程序来展现传统APP的某些功能，也不应该只考虑怎样通过小程序的推出来进行后续的营销与推广，否则，小程序应用投入运营后，很可能会使开发者失望。

要使小程序保持良好的运营状态，微信平台的运营方需要具备多方面的能力与技巧。在传统模式下，运营方在经营微信订阅号与服务号的过程中，依靠内容生产者、编辑策划人员以及营销者的支持就能维持其正常运转，如今，在原有人才配备的基础上，运营方还需引进产品经理、工程人员，必要时还需发挥程序开发人员的作用。为此，微信生态的运营方，需要建设专业的互联网运作队伍，并在发展过程中不断完善。

那些本身擅长精准营销，并且积累了一定规模的线下流量基础的营销企业，更适合进行小程序的开发与运营。

◆ 如何为小程序开发做好准备

商家或品牌可以从三个方面进行小程序的开发准备工作：一是密切关注腾讯和微信官方动态，及时把握它们的开放态度，随着小程序逐渐成熟，微信官方必然会构建一个小程序营销通道；二是全面了解小程序的开发方式；三是准确把握小程序的分析、运营及推广策略。

从当前来看，小程序开发有两种方式：一是自己独立开发，这对小程序的后期运营和更新大有裨益，不过需要公司具有较强的技术研发能力；二是对于没有技术部门但又想尝试小程序应用的公司，则可以使用一键式的制作工具获得一款简单的小程序应用。

随着小程序价值的不断凸显和需求增长，一键式的小程序生成工具必然会像曾经的H5建站工具一样被全面引爆。当前市场上已出现了火速移动、轻芒小程序+、极速应用、微动天下、Coolsite360等诸多可以提供小程序一键生成的工具或定制开发的平台。

◆ 如何推广小程序

由于微信官方的限制，当前小程序主要有线下二维码、公众号引流、搜索、分享传播和第三方小程序商店五种推广方式。其中，线下扫码是官方力推的小程序核心入口。

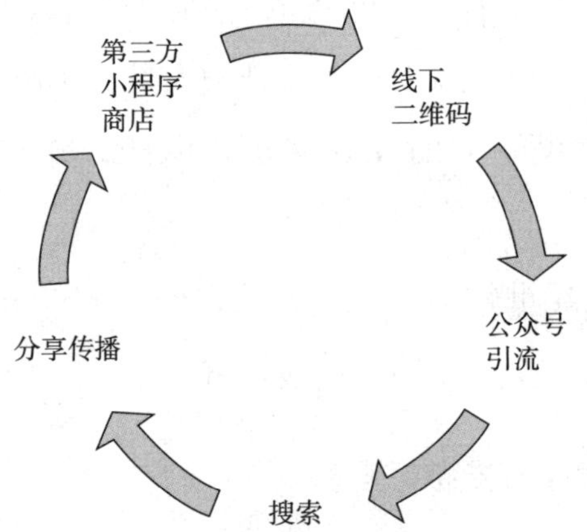

图5-1　小程序的推广方式

实现线上、线下的有机结合与深度交互，用户则可以通过这种方式直达相应的小程序页面。

公众号引流主要是在公众号文章的开头或结尾处附上自己的小程序入口。与分享传播方式相比，搜索是一种不断弱化的入口。正像人们关注的公众号大都不是主动搜索关注，而是通过看到别人的转发文章或朋友推荐才关注那样，小程序的推广也将更多地依靠分享传播而非主动搜索。

微信官方并没有推出小程序商城，且二维码入口也只能通过扫描的方式打开，不支持图片识别二维码的进入方式。如此，第三方小程序商城应运而生，并成为小程序推广的重要渠道。例如，由国内最出色的新锐科技媒体爱范儿推出的知晓程序，是专业性和影响力都较为领先的小程序商店，已上线了一批高质量的小程序应用。

从品牌营销的视角来看，虽然小程序营销的发展态势尚不明朗，但商家和品牌必须紧密关注腾讯官方的开放动态，全面深度了解小程序的应用场景及构建、运营和推广策略，以帮助小程序更好地进行品牌营销，成功获取小程序营销“红利”。

◎ 基于应用场景的品牌营销新方向

微信小程序是提高用户效率的有效工具，具有“比网站体验更好，比下载 APP 更便捷”的优势，因此，相对于本地 APP，小程序的最佳应用场景是一些中低频服务场景。

有研究指出，用户高频使用的 APP 一般不会超过 10 个，且大多集中在聊天、视频、购物和游戏等领域。与此不同，很多品牌开发的 APP，如某酒店品牌推出的订房 APP、某汽车品牌推出的会员 4S 服务 APP、某银行开发的理财 APP 等，由于用户只是偶尔使用，下载率很低，同时，安装后占用手机空间较大、体验不佳等问题，因此，常常会被用户卸载。

基于此，通过整合多个品牌的本地化服务搭建相对“高频”服务场景的 O2O 模式的 APP 大量涌现。不过，消费者最希望获得的仍是一个具有流畅优质的使用体验并能提供品牌特色服务的线上工具，由此，微信小程序应运而生并为品牌营销拓展了新的方向和机会。

◆ 线下场景驱动实现“即时”服务

小程序以二维码为核心入口，用户通过在线下场景中扫描小程序二维码便可“即时”获取相应的线上便捷服务，从而免去了必须下载相关 APP 或关注公众号的麻烦。从企业的角度来看，可以基于线下用户的历程和在不同场景中的服务诉求设计多种小程序应用，以便让用户在各类线下场景中都可以享受到简便、快捷和优质的线上服务。

例如，大型商超停车场可以推出“停车导引”服务，用户扫描二维码进入小程序后，便可获得停车场全景呈现、空位引导、车牌查询等多种线上服务；针对购物场景，可推出“购物清单”应用，让用户通过小程序获得产品说明、过期提醒、新品推荐等个性化服务。

如此，通过场景化功能引导用户使用小程序，让用户在小程序中获得便捷优质的线上服务，有助于大大提高线下服务的效率和效果，实现线上、线下的贯通融合。同时，直接扫描二维码进入小程序获取服务的便捷操作方式，也避免了以往用户获取线上服务时“下载—升级—卸载”的麻烦，实现了应用“触手可及”“随时可用”“用完即走”的理念。

◆ 利用 Union ID/Open ID 实现“个性”服务

基于每个场景中消费者可以使用的小程序服务，通过 Union ID 对消费者身份进行精准识别与定位，进而针对每位用户的消费特质、偏好、习惯等提供个性化服务。

例如，上述提到的“购物清单”小程序，可以首先利用 Open ID 发现用户的使用频率，然后结合其以往的购买偏好和习惯，自动生成符合用户需要的个性化的建议购物清单，向其推送需要和喜欢的产品；当用户完成微信支付后，商家若通过 Union ID 发现用户曾使用过“停车导引”小程序，便可向用户发送停车时长和费用等用户即时需要的各类信息。

◆ 与公众号结合实现“黏性”服务

微信小程序的核心诉求虽然是提高用户效率而非用户黏性，但从企业或品牌的角度来看，很多公众号经过长期的运营沉淀已聚合了大量粉丝和会员，微信也成为连接用户的一个重要渠道。基于此，若将公众号与小程序打通，实现消息推送平台与“用完即走”的便捷服务的有机结合，无疑会大大增加用户的品牌黏性和忠诚度，极大地拓展企业的商业价值想象空间。

一方面，将公众号作为进入小程序的入口，有利于对粉丝进行电商引流，借助小程序中的线上服务预览、粉丝独享等内容，实现与用户的深度、多元交互，为用户创造更大的价值、提供更多的增值服务，从而大幅提高用户黏性和销售转化率。

另一方面，通过深度挖掘、分析用户在小程序中的行为，能够精准定位用户价值和消费偏好，有针对性地在小程序中引导用户关注公众号获取独特优惠，进而在公众号中为用户推送个性化的服务内容和折扣优惠，以此提高用户的黏性。

微信小程序带来了新一轮的营销变革和营销红利，引起业界的广泛关注，很多商家和品牌也已“摩拳擦掌”，纷纷研发上线自己的小程序应用。同时，与当年 APP 的火爆催生了众多专业性的研发、创意与服务公司一样，小程序的诞生和爆发也为第三方研发创意平台提供了巨大的市场机会和想象空间。

以成立于2011年的企业移动社交营销解决方案提供商时趣Social-Touch为例，其专注于新的移动社交环境中企业与消费者的有效对接，主要为企业提供广告创意和端到端的数字关系管理解决方案。具体到小程序服务，时趣互动可以帮助企业打造契合线下商业场景、更容易让用户接受的小程序应用，从而满足商家或品牌在运用小程序过程中的各类营销诉求。

例如，为商家或品牌在小程序服务场景中提供广告和活动创意策划类服务；帮助企业进行SCRM（社会化客户关系管理）体系搭建和整体会员关系管理；帮助商家或品牌采集用户行为数据并对用户进行精准画像；基于用户画像帮助企业制定个性化营销策略；等等。

◎ 企业借助小程序营销的三大优势

总体来看，小程序营销具有三大优势，这是它能够颠覆并重塑现有营销生态的关键所在。

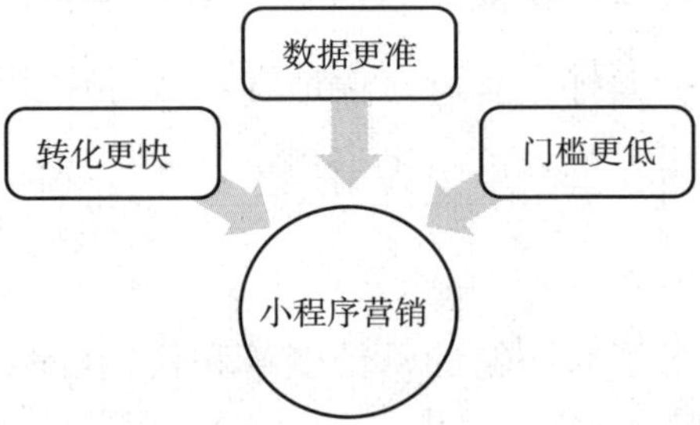

图5-2　企业借助小程序营销的三大优势

1）转化更快

以往的产品营销中，从展示页面到落地页面、再到产品介绍页面和转化页面，中间的跳转链接常常发生在不同的平台或APP上，不仅流程烦琐复杂，而且这种跳转有时也很难完成，从而导致营销效率和转化率很低。

与此不同，当广告主或商家直接在微信平台上部署小程序应用时，其实等于把产品的一部分内容植入到了微信中，从而有可能借助微信平台构建一个完整的产品价值闭环，免去了用户在不同页面来回跳转的麻烦，实现了更快的消费转化。

2）数据更准

在营销策划工作中，一个重要难题是如何将广告主的CRM数据与外部的投放用户数据（即第一方和第三方数据）连接整合起来，实现更精准的产品或服务推送。小程序能够推动微信平台进一步开放数据，从而有助于实现企业内部数据和外部推广数据的高效、顺畅连接。这意味着，企业或品牌可以通过小程序共享微信的海量大数据资源，从而大幅提高用户分析的精准度，更好地实现品牌营销目标。

3）门槛更低

相比原生APP高昂的开发、推广和维护成本，H5这种“轻应用”的门槛和成本更低，有助于帮助企业实现“小步快跑”：对实力较弱的中小企业来说，可以借助H5这类开发成本低、周期短的轻应用进行试错并获取用户反馈，从而不断优化产品、提高营销效能。

H5是移动互联网时代最“轻”、最灵活的应用形态，不过以往的H5程序由于缺乏统一的开发应用标准，导致不同浏览器的要求不同，难以真正进行跨平台连接交互。微信小程序则有效解决了这一痛点：当小程序吸引越来越多的开发者参与进来、实现大规模普及应用后，将有助于推动整个行业建立统一的H5标准，从而使自身成为跨平台、简便灵活的营销工具，在为用户带来流畅优质的一站式消费体验的同时，也能为企业或品牌创造更大的营销价值。

微信小程序为营销领域带来的另一个预期是大数据的进一步开放融合，从而为营销活动带来更大的价值想象空间。

例如，亚洲领先的数字营销公司爱点击不仅拥有覆盖98% PC端网民和87%移动端网民的“数据地图”，而且作为唯一具有腾讯社交、广告、广点通“三料”资质的铂金服务商和腾讯KA数据合作计划成员，也共享了腾讯平台超过8亿的月活跃移动用户数据，从而可以借助数据和技术优势，为广告主创造更大的数字营销价值。

此外，企业或品牌不应局限于微信平台，而要从整个互联网生态和消费者行为出发，“以小建大”，利用小程序玩转“大营销”，从而实现整个营销价值链体系的优化重塑。

对于小程序的反应，广告公关行业也存在着不同的看法。

部分业内人士认为，广告公司无法通过小程序扩大宣传。因为小程序无法推送信息，无法积累粉丝用户，也不能以订阅的方式获取用户。

持此类观点的人认为小程序的发展不存在红利期，这是有失偏颇的。小程序在推出后受到了众多用户的青睐。此外，若小程序具备足够的趣味性，能够体现创新，就能在市场上占得一席之地，如果有小程序能够在短时间内得到用户的广泛关注，就会有越来越多的企业效仿，推出更多类似的小程序。

也有人认为小程序能够推动广告公司的发展，这部分的立足点在于，尽管小程序无法积累粉丝用户，但同样能够带来流量，可促使用户访问。企业在推出小程序后，可能会将小程序的访问量和转化率纳入绩效考核体系。

从根本上来说，小程序的推出，能够使分布零散、蕴藏价值的内容获得更多用户的认可，进而助力于支付功能的普遍应用。微信小程序着眼于线下流量的汇集及分类管理，其应用能够使资金流与信息流的走向更吻合，便于商家获取线下流量，从而推动其发展。

目前，广告公司对微信小程序的应用仍十分有限，该领域的从业者及研究者不妨对社群运营和内容运营及其与场景化的结合发展进行探索，从中获得有益启示。在首批小程序发布后，众多互联网企业推出自己的小程序，微信小程序也进入公众视野，在此期间，场景化小程序也会随之诞生，并不断拓宽其应用范围。

除场景化之外，本地化也是其重要特征，企业可通过微信小程序获取线下流量，实现流量整合及开发利用。广告、公关行业需要创新思维，对整个行业的大致走向有所了解和把握，从而进行布局。

微信团队上线小程序，不仅能够体现出该平台的创新能力，更是国内移动互联网行业取得的革命性进步。至于微信小程序能够对营销领域产生什么样的影响，微信能够给人们的生活带来怎样的变化，还需要时间的验证。

5.2 如何借助小程序场景实现营销价值最大化

◎ 场景驱动下的企业营销系统升级

从营销的维度来看，小程序时代的到来将对现有的营销思维和模式造成巨大冲击，重塑整个营销价值链体系，引发新一波的营销红利。对传统企业和零售商业机构来说，需要对微信小程序进行全面深刻的理解，积极利用小程序与消费者建立"随时随地、方便快捷"的营销关系，并借此优化升级自身的市场营销系统，构建更具竞争力和吸引力的营销形态。

因此，小程序虽然名为"小"，但却是传统企业和商家在移动互联网时代进行产品直销、打造"大营销"系统的有效工具。

◆ 场景一：提升企业营销效能

企业或商家将自己的产品信息上传到小程序应用中，然后在报纸、杂志、海报、画册、公交车和候车室等众多广告媒介上嵌入小程序二维

图5－3 小程序对营销的驱动价值

码，让消费者通过“随时随地”的扫码与产品直接连接、获得便捷优质的消费体验，从而帮助企业或商家搭建起与用户快速连接的产品直销渠道。

借助微信小程序搭建的产品直销通道，使企业可以略过诸多中间环节直接与消费者进行连接沟通，在节省大量营销成本和营销资源的同时，也有利于企业将目光聚焦到产品和品牌本身以及营销关系的维护上。

集中技术力量进行产品研发创新，以精益求精的“工匠精神”做出令用户“尖叫”的极致产品；在品牌营销战略、品牌设计与规划、品牌形象塑造与管理、品牌延伸和维护等方面实现定位更精准、诉求更贴心、形象更个性、故事更感人、体验更愉悦、与用户的情感关系更亲密；投入更多资源精力管理，维护与供应商、合作商的关系，最终实现企业营销效能的全面提升。

传统企业只需建立一个小程序运营团队，便可实现与目标用户的直接连接交互，从而更好地推送自身的产品。对于那些已经建立起较为完善的销售渠道体系的企业来说，小程序不仅是一个有效的补充渠道，也有利于促进企业从传统分销模式向移动互联网营销模式转变升级。

对于实力较弱、缺乏营销渠道的中小微企业来说，小程序则是实现与目标消费者高效连接沟通、建立便捷低成本直销系统的有效工具，有利于这些企业集中全力做出令人“尖叫”的产品和品牌，更好地实现产品销售。

◆ 场景二：丰富消费者购物体验

将小程序植入零售卖场，如在商场入口处放置商家小程序二维码告示牌，对消费者来说，能够大幅降低选购商品的时间成本，获得更丰富的购物体验；对商家来说，则有利于提高零售终端的营销效能和市场竞争力，实现营销运营系统乃至整体商业模式的优化转型，获取更大的社会效益和营销价值，甚至随着移动互联网和小程序应用的发展成熟，零售商业最终会转型为 IT 服务企业。

可见，小程序营销对零售商和消费者来说是一种双赢模式：商家可以更快地卖出商品，增加零售终端收益，消费者则获得了更丰富的购物体验。从零售卖场和商家的角度来看，进行小程序营销需要做好以下 5 点：

1）基于卖场品牌定位，构建差异化的形象系统；

2）基于卖场市场定位，进行商品采购或商户招商；

3）以品牌核心价值为导向，对卖场品牌进行管理、维护和推广；

4）根据卖场消费者定位，营造轻松愉悦的用户体验氛围；

5）商品销售与交易支付工作，交由微信小程序完成。

◆ 场景三：快速实现产品与顾客的连接

微信平台积累的 8 亿用户群体使小程序成为一个巨大的流量入口。因此，在流量获取和留存成本不断增加的移动互联网时代，小程序对众多商家特别是美团、饿了么、携程、去哪儿等依托大数据生存的互联网企业以及初创小微企业来说是极具吸引力的。

微信平台中的用户大都具有较强的个性化特质，而小程序“随时可用，即用即走”的特点能够充分满足这些个体对象的应用诉求。基于这个庞大的潜在用户群体，如果企业能够做好以下三点——做出令人尖叫的极致产品、将品牌形象标签做到个性识别强、实现小程序推广的系统性整合，就能为用户创造巨大的品牌体验价值，企业自身也能够获得丰厚的收益。

小程序的最大价值是“快”，即略过众多中间环节，快速实现产品、顾客、商家的连接交互，从而缩短营销价值链、拓展商家的利润空间、提高现金流的流转和使用效率；对用户来说则能够快捷方便地满足消费需求，获得更丰富便捷的购物体验。

从市场营销竞争的角度来看，使用小程序的企业能比竞争对手更快、更精准地与消费者建立连接交互，从而快速完成交易、获取收益，这不仅大幅降低了营销成本，还有利于提高营销价值链中现金流、信息流和资源流的流转速度。可以预见，随着小程序的发展成熟和深度应用，社会整体经济生态和商业营销价值链体系都将发生巨大的变革重塑。

小程序时代的核心用户是“80后”“90后”群体，这些年轻消费者追求新奇、时尚，注重个体感受和情感体验，因此，他们在消费时并不必然追求高知名度的品牌，而是具有很强的随意性，倾向于跟随即时性的心理感受进行消费决策和行为，十分青睐那些能够带来意外“惊喜”、让自己尖叫的个性化时尚产品。

小程序时代的到来，既为众多互联网初创企业和中小微企业提供了快速发展的新路径，加快了互联网企业价值链的迭代更新速度；也促进了传统营销体系的优化升级，为传统企业的移动互联网化和O2O化转型提供了更加有效可行的新商业模式。

◎ 深度交互：小程序场景应用营销

微信官方将小程序定义为一种新的应用形态，以二维码为核心入口，真正实现应用无处不在、随时可用又无须安装的理想。表面看来，微信小程序似乎与HTML 5有异曲同工之效，因为后者同样可以让用户“用完即走，无须下载”。

不过，HTML 5在发展过程中出现了病毒传播、广告推送、强行导流等众多影响用户体验的问题，且屡禁不止。针对这一情况，微信创始人张小龙在小程序营销方面确立了几条禁令，如无法分享朋友圈、不能有外链、无法推送、没有排行榜、全面审核等。

小程序虽然刚刚上线，却表明微信营销真正进入了“中央集权”的时代。对此，品牌营销人员必须要有清醒明确的认识，并积极探索如何借力小程序构建更有效的品牌营销模式。

◆ 小程序与H5活动站的异同

总体来看，可以从以下五点对微信小程序与H5活动站的异同进行解读：

1）在呈现形式上，小程序类似于APP，甚至比后者更简洁轻便。小程序为了让用户更清晰地把握核心、高效达成目标，在自身大小和互动深度上有所限制，流程更简单、内容更直白，且没有无关信息的干扰。与此不同，H5活动站则侧重用户的沟通体验，以便通过一系列的交互活动满足用户的心理体验诉求，进而在此基础上进行转化或分享。

2）定位上，微信小程序侧重于工具性定位，以最大化地提升效率为理念和目标；H5 活动站则是一个纯粹的用户交互营销平台，关注的是用户心理体验和销售转化。

3）生命周期上，小程序需要通过长期持续运营将核心、垂直内容呈现到用户面前；H5 活动站更多的是针对当前的具体活动，生命周期大多不会超过 1 个月。

4）推广形式上，当前用户只能通过二维码扫描或搜索的方式进入小程序；相比之下，H5 活动站则可以通过横幅广告、二维码、软文、信息流广告等灵活多样的传播形式帮助商家引流，且推广效果也容易判断，因此是当前品牌营销活动的主要形式。

5）实现方面，小程序和 H5 活动站的开发过程较为相似，不过小程序做出了更多的约束和限制，以避免 H5 活动站发展过程中出现的一些影响用户体验的问题。

可见，虽然小程序与以往的 H5 活动站都是品牌营销的重要依托，但两者的定位和适用场景却有所不同：H5 活动站更多的是针对某个具体的营销活动，目的是提高活动营销的销售转化率；而小程序则不是为某个或某些特定营销活动开发的，而是需要长期持续运营，是品牌宣传和轻型电商而非单纯的活动营销的重要场域。

◆ 小程序应用场景营销

微信小程序提供客服通知功能，即用户在小程序进行深度交互后，商家可以发送模板消息给接受过服务的用户，用户则可以通过小程序与商家客服沟通。从当前小程序后台提供的消息模板来看，其应用的主流场景还是票务、电商、出行等 APP 的小程序化；同时，腾讯官方对小程序的运营也十分慎重，第一波开放的小程序主要集中于用户高频使用的场景。主要包括以下几类：

图 5－4　小程序营销的应用场景

1）品牌宣传

通过品牌故事让用户更深入地了解品牌信息，进而传递品牌价值、理念和情怀，是获取用户品牌认同、吸引和留存用户的有效方式。这种品牌宣传场景中的小程序应用，就如同一本向顾客讲述品牌理念和价值的故事书，让品牌变得“有温度”“人性化”。

最佳的引入方式是与线下广告相结合，即当用户在商场或实体广告牌上看到品牌广告后，通过扫描二维码进入品牌小程序，从而全面、深入地获取品牌信息。例如，在汽车推广和宣传中，就可以通过小程序向用户更深度地展示该款汽车的品牌、性能和价格等各方面的信息。

2）Mini 电商类

随着国内电子商务整体生态的优化成熟，微信支付、微商等已成为社会日常生活中十分常见的场景，微信小程序则有助于通过一体化的流程体验提高广告营销的销售转化率，促成更多的消费行为。因此，在微信平台做 Mini 电商的最大优势是，用户的进入、浏览、互动、支付和分享等一系列行为都可以在一个入口完成，而人们的购买行为多是冲动型消费，顺畅的流程体验有利于大大提高销售转化率。

可以想象这样一个场景：当用户看到一则自己所需的产品广告时，直接用手机扫描二维码进入小程序，然后下单并直接用微信在线支付，再顺手将分享红包发送给朋友，并晒个朋友圈；当商家发货后，用户又能及时收到小程序发送的消息提醒。如此，用户在消费过程中不仅"一扫直达"，不用在下单、支付、分享等不同页面间来回跳转，而且也免去了无关信息的干扰，获得了更为简单、便捷、一站式的操作体验。

3）效率工具

微信小程序的自身定位侧重于为用户提供便捷、高效的体验工具，服务范围覆盖酒店、旅游、出行、票务、餐饮、交通和医疗等诸多场景。以当前各个城市大力推行的共享单车为例。很多人对城市中推出的共享单车其实是有着强烈的猎奇体验心理的，但由于必须下载一个单独的APP，因此很多用户便选择了放弃体验。

微信小程序则可以有效解决这一痛点，让用户不需单独下载庞大的APP就可以使用城市中的共享单车。因此，对于类似非刚需的APP，小程序是一种更有效的引流方式。

4）自媒体、资讯

对自媒体和资讯类平台而言，小程序的营销推广价值相对有限，因此，除了轻芒阅读这种资讯或阅读类平台，多数自媒体和资讯平台其实都不适合做小程序。这一方面是因为微信官方对小程序进行了诸多限制，既不能推送消息，也没有订阅关系和粉丝关系，更无法植入广告。另一方面，是因为自媒体和资讯类小程序需要由用户收藏且每次主动打开使用，而从当前的发展态势来看，小程序的收藏列表友好度不高，也不能进行自定义。

微信官方将小程序应用场景划分为三大阵营：核心场景是商业服务、公益、快递、教育、医疗、政务民生、交通出行、地产、生活服务、IT科技、美食、旅游、电商、金融、富媒体、工具和体育等17种行业类型，主要体现小程序在效率提升方面的价值；第二大阵营是类电商场景；其余则可归为第三大阵营。

◎ 商家如何借小程序进行运营推广

微信小程序的应用，可以使用户通过扫描二维码，或者在搜索栏中输入 APP 名称的方式将其添加到微信中，无须下载即可使用，能节省内存，小程序是微信团队的一大创举，其推出具有重要意义。从根本层面上来分析，小程序的推出，说明运营方当前发展的重点是深度开发用户与经营流量。微信小程序推出后受到众多用户的青睐，对营销人员而言，应该开拓思维，采取有效措施，利用小程序进行品牌推广。

◆ 场景化功能引导，提升服务体验

在具体应用过程中，二维码是进入小程序的入口之一，用户在扫描二维码之后，就能够启动小程序，而无须将特定的 APP 安装到自己的手机上。如此一来，商家就能够针对其各类服务场景、用户群体，推出有针对性的小程序，根据用户需求进行程序设计与开发，更好地满足其个性化需求。

小程序得到广泛应用后，商家能够在原有的基础上改进自身服务，加速整体运营，提升用户体验，不仅如此，还能将实体业务的开展与线上服务结合起来，另外，用户使用结束后即可退出，无须进行程序安装、升级，也不用卸载。

◆ 与公众号结合，增加用户黏性

微信平台推出后，很多企业都开通了自己的公众号，并通过微信公

众平台与用户进行线上沟通，为其提供信息服务，如今，不少商家已经通过微信平台积累了一定数量的长期用户，在此基础上通过推出定制化小程序，不仅能够提高用户的依赖性，还能对目标用户进行深度开发，从而推动自身的发展。

首先，商家可以将小程序入口放到公众平台里，通过线上平台经营粉丝用户，通过小程序向用户提供优质的服务内容，保持与用户之间的互动，增强用户依赖性，促使其成为自己的消费者；在具体实施过程中，可将小程序入口添加到公众号文章的开端或结尾来吸引用户进入。

其次，商家可对用户使用小程序的方式及其行为特征进行分析，从而挖掘用户的内在需求，找出其中的潜在消费者，引导用户关注自己的公众号，通过公众平台进行精准营销，向用户提供优惠券，促使其消费。

◆ 明确小程序的定位和适用场景

小程序的外观类似于 APP，但比 APP 更加清晰、明了。由于微信小程序容量有限，且只能与用户进行浅层次的沟通，要想更好地服务于用户，满足其需求，就要为其呈现核心内容，同时，要摒除外界信息，以免分散用户的注意力。

立足于定位的角度来分析，由微信团队推出的小程序着眼于高效运营，所以，大部分小程序都具有明显的工具属性；企业要注重小程序的经营，持续向用户输出精品内容，提高营销的针对性。在推广方面，现阶段的小程序以二维码为主要推广方式；在实际应用过程中，商家仍需克服诸多困难。

概括而言，商家在推出小程序之前，需要清楚自身的定位，并建立互联网化场景，而不是盲目追随别人经营小程序。在应用过程中，商家可通过小程序进行品牌推广和电商化运营，将其应用到合适的场景中。

◆ 小程序应用场景畅想

微信小程序中可设置消息模块，意即用户在进入小程序并进行操作之后，小程序能够面向用户进行信息推送。对小程序的消息模板进行分析可以发现，当前推出的小程序，大部分都具有明显的工具属性，具有代表性的有出行类和票务类应用程序。

而且，微信首批面向用户的小程序在数量上不会太多，从这个角度来说，这批小程序需具备较高的使用率。因此，首批小程序经过一段时间的运营后，其对于企业及品牌的推广价值就能见分晓，在这个过程中，商家需对自身小程序的应用场景进行分析。

◎ 根据用户需求制定小程序运营策略

微信小程序正式推出后，一时间成为人们热议的话题，朋友圈涌现出众多关于小程序应用的内容，包括小程序开发指导、首批小程序名单、小程序使用教程等，越来越多的商家及用户开始聚焦于小程序的开发及应用，希望能够发挥小程序的价值，推动企业的品牌推广。

小程序的推出，是否能颠覆传统的 APP 运营，在今后的发展过程中，成为企业营销的必备模式？在这种趋势下，企业应该采取什么措施，通过微信小程序提高自身的影响力及竞争地位？

在移动互联网时代下，企业的营销已经不同于以往，先来分析一下微信小程序与当前的营销发展趋势是否相符，以及小程序的应用是否能够满足用户的需求。在互联网技术高速发展的今天，用户的时间呈现出碎片化的特点，在应用软件时，他们既希望操作简便，又希望软件本身不会占用太大的空间，超出手机的承载范围，出现“卡顿”问题。

另外，用户希望市场上能够出现具备趣味性、创新性的移动端应用，这体现了当前大部分用户的需求和期待，由此可见，微信小程序是符合当前时代发展、能够对接用户需求的功能。

◆ 小程序的竞争特性

1）随开随用，无须下载。这一点与传统应用存在着明显区别。用户无须安装，能够直接登录并根据自己的需求进行操作，不会占用手机的内存，也不会影响其运转，因此，在使用过程中能够快速打开，也无须定期清理手机存储空间。

2）随时随地获取信息。用户使用手机扫描二维码就能进入程序，并获取信息服务。目前的信息获取方式距智慧化信息获取还有一定的距离，举例来说，存在于概念中的智慧眼镜能够使人们随时随地接受信息，在现阶段，以扫描二维码的方式满足自身的信息需求实属一大进步。

3）使用结束即可退出。举例来说，用户到餐馆就餐，可以通过线上平台预约菜品，在传统模式下，用户需安装餐馆的APP，如今，用户可通过扫描二维码的方式进入其小程序，并通过小程序点菜，在用餐结束后，可直接退出，无须卸载。

◆ 小程序为中小企业带来的三大商机

1）衍生出“协助厂商”的角色。此类企业可以将趣味性强、应用性强的小程序整合起来，打造应用商店，也可以对应用程序实施分类管理，为用户选择提供指导。目前，已经有运营小程序应用商店的网络企业。

2）缩短了初创企业与大企业之间的差距。如果企业通过微信为小程序导流，部分实力雄厚的企业及平台，能够充分发挥自己在长期经营微信过程中积累的资源优势，使小程序迅速得到推广，相比之下，初创企业并没有足够的资源优势，在发展中会遇到诸多阻力。现在，在开发及经营小程序时，所有企业都站在同样的起点上。这样一来，初创企业面临的压力会大大减少，小规模及初创企业也能够发挥自己的创新能力，提高竞争地位。

3）给O2O平台带来更多的发展机遇。如今，巨头企业在我国O2O及电商市场占据主导地位，小规模企业的发展难以与其抗衡，小程序能够使用户通过扫描二维码体验产品，因此，小规模企业可以在自己的业务覆盖范围内张贴二维码广告，吸引用户的关注，进而推动平台的发展。

◆ 中小企业如何借助小程序提升销售

1）精确分析用户在进行产品体验时关注的核心服务，通过小程序向用户提供此类服务，从而对接用户的核心需求。

2）根据客户的反馈信息发现自身的问题所在，通过小程序的研发及推出，迅速处理问题，根据用户的需求逐步改善自身的运营，为适应市场变化的要求，企业需加快调整速度。

3）通过二维码进行品牌营销，为此，企业应该注重二维码的设计，突出其特色，从而获得更多用户的关注。

4）充分利用二维码推广自己的小程序，做好投放位置选择，使目标用户能够接收到自己发布的信息，企业可将二维码营销效果作为对执行者的绩效考核指标之一，使员工注重投放位置的选择。

5）做好微信公众号运营与小程序的配合，使两者的发展能够相互促进、相互补充，未来，企业可以通过小程序吸引更多用户关注其公众号，与此同时，微信公众平台还需通过向用户输出服务，促使其认可自己的经营并实现最终的消费转化。

6）由于用户需要在知晓小程序完整的名称或对其有充分了解时才能搜索出来，因此，企业在给小程序命名时，应注重名称的通俗性，并便于用户识记。

第 6 章 内容裂变：基于小程序的自媒体运营策略

6.1 小程序给自媒体内容行业带来哪些影响

◎ 传媒之变：小程序重构媒体生态

1）低频媒体 APP 被摧毁

微信小程序将会给那些低频长尾应用产品带来颠覆性影响，而低频媒体 APP 为了寻求突破，研发小程序就会成为其必然选择。事实上，即便微信小程序没有上线，这些低频媒体 APP 由于内容受众群体较小，而且影响用户手机的流畅性，用户也正在不断流失。

2）对自媒体的影响

在分析了腾讯对微信小程序的布局后，很多业内人士表示，小程序尤其适合内容创业者，也有人爆料称：微信邀请的首批用户就是自媒体。

目前，能够让自媒体从业者输出内容并获取流量的平台越来越多，除了微信、微博等社交媒体平台，甚至连视频网站也纷纷上线了自媒体频道，不过对于广大自媒体从业者而言，在他们心中最重要的平台始终是微信公众号。

之所以会出现这种情况，主要是因为微信平台本身提供了十分丰富的工具，能够帮助商家进行有效探索。可能很多人认为自媒体就是简单地发表内容，但事实上这些自媒体从业者的真实想法绝非如此，很多自媒体公众号的粉丝积累到一定的人数后就创建了公司，并从中获取了丰厚的回报。

一般情况下，活跃在微信平台的那些自媒体通常会利用微信作为一种粉丝运营工具，如果要发展电商等其他业务，则会使用第三方工具。从平台方的角度考虑，平台之所以会邀请自媒体入驻，主要看中的是它们生产的内容能够吸引用户流量。而且平台为了搭建出闭环生态，也会对自媒体进行限制，自媒体通过内容获取回报，平台会支持与鼓励，但如果用其他的方式，就很可能会进行干预。

3）对精准营销的影响

在精准营销方面，小程序的上线将会创造一种基于小程序的营销运营业态。小程序流量、小程序数据搜集与分析和小程序用户画像等会是相关企业研究的重点。未来，那些专业的精准营销企业在为客户提供小程序开发、运营和维护等服务的同时，也会积极借助楼宇广告等线下媒体资源进行定制营销。

4）线下场景上移

小程序将会促使线下媒体场景向线上媒体转移。小程序即用即走、无须下载安装等优势将有助于提升O2O营销媒体的转化率。尤其是传统线下媒体未来将会通过打造O2O营销服务解决方案，从而为物流、IT科技、金融理财、生活服务、在线教育和医疗健康等诸多领域的客户提供优质的营销推广服务。

5）线上+线下媒介融合

微信小程序的上线，将为那些拥有精准营销实力的营销商与在线下积累了丰富媒体资源的媒体公司带来重大的发展机遇。未来的营销主流业态将是线上与线下深度融合的定制营销。对于像分众传媒这种强于线下的传统媒体而言，小程序的出现将会推动其O2O转型进程进一步加快，而且微信官方所推荐的扫描二维码使用小程序，也能在分众传媒的海量线下媒体资源中得到很好的发挥，这必将吸引更多的广告商与之深度合作。

◎ 小程序给内容从业者带来的启示

毋庸置疑的是，大部分被人类所创造出的工具，在经过一段时间的发展后，会比以前更简单易用，最明显的就是我们随身携带的智能手机。事实上，我们获取内容的方式同样是如此。

目前，人们可以通过乐视、腾讯和爱奇艺等视频网站观看自己喜欢的电影，但在这之前，人们观看电影的主要渠道就是电影院。音乐同样如此，以前人们购买唱片来欣赏自己喜欢的音乐作品，而后过渡至下载音频，如今则通过无处不在的移动互联网而能够直接在线收听。

对于电影与音乐来说，享受最优质的观影服务或者聆听最为动人的声音，无疑是前往电影院与音乐会现场。在购买力、时间成本和消费习惯等各种综合因素的影响下，人们获取某种商品或享受某种服务时，不会执着于顶级的产品体验，而是会考虑其便捷性、易用性与使用场景丰富度等。

很多人一辈子都未必会去电影院看一场电影或者去演唱会现场听音乐，这也并非是因为他们的购买力较低，而是因为他们更喜欢在乘坐公交车、排队付款等碎片化的场景中随时随地地获取这些内容。例如，部分人喜欢在洗澡的时候听音乐，部分人喜欢在乘公交车时看动漫，还有人喜欢边吃饭边看视频……将自己感兴趣的内容与生活场景进行搭配并组合后，可以让他们的生活变得更加丰富多彩。

可以预见的是，人们获取内容的方式将会越发丰富多元，内容对某种载体的依赖性会越来越低。在移动互联网时代，即便是某部电影的忠实粉丝或者某位歌星的粉丝也不必因为错过了电影院档期或者没买到明星演唱会门票而感到惋惜，因为这些内容在互联网平台中已经可以轻易获取。

也许我们未来在乘坐地铁、公交车等各种交通工具时，就能够在其窗户上看到自己感兴趣的内容。由此推想，在我们想要获得自己感兴趣的内容时，无论是文本、图片，还是音频与视频，由于这些内容脱离了载体的限制，我们完全可以在自己身边的屏幕、墙面中将其展现出来，而且这些内容仅对你可见。

不过，将时间与精力专注在内容方面本身的做法固然值得鼓励，但绝不应该忽略人们获取这些内容的门槛。从本质上讲，以轻量级著称的新媒体和传统媒体之间并没有本质的差异，二者都是以为用户提供优质内容为核心使命。

微信小程序最让我们感到兴奋的，绝非是它让大量的开发人员获得了大量发展机遇，而是给我们带来了关于未来的启示：包括内容在内的所有产品为了让人们的获取与体验变得更加方便，而不断弱化其对载体的依赖性，甚至最终变得不需要载体。

内容从业者应该思考的是，如何在脱离某种固有载体的基础上创造价值。脱离载体意味着内容可以在任何场景被有需求的人们轻易获取并传播，届时，内容也将会像空气一样变得无处不在。

6.2 公众号运营：微信生态下的自媒体商业变现

◎ 从公众号到小程序的战略意图

张小龙将小程序视为一个过渡性的产品，上承微信“连接一切”的功能，下转开启微信下半场的使命。微信小程序的出现势必会给各行各业带来新的改变，那么对于公众号运营者来说，微信小程序的出现意味着什么？能带来什么改变呢？

从本质上来讲，小程序是一个工具，其最大的意义不在于工具本身，而在于其可能带来的改变。例如，微信公众号的功能非常简单，就是图文信息推送，但其所产生的意义非常巨大，它给传统媒体造成了极大的冲击，为内容创业者带来了新的机遇。如今，人们对微信公众号的关注已由产品层面转向了生态层面。

从这个层面上来讲，微信小程序与微信公众号一样，最引人关注、最令人激动的不是其本身的功能，而是上线之后，人们对这一工具进行开发、推广和应用之后产生的一系列变革。在此之前，我们要整理一下关于小程序的已知信息，因为这些信息是小程序开发、利用的起点。

现阶段，关于小程序，我们所了解的大概有以下 5 点信息：

1）小程序使用去中心化的结构，入口不统一，不做分发，无小程序商店；

2）用户和小程序之间的关系不是订阅关系，访问量比粉丝积累更重要；

3）小程序不能实现信息的主动推送，在与用户的关系中非常被动；

4）小程序无法分享朋友圈，但是能在微信群和朋友聊天中分享；

5）小程序与公众号彼此独立，但同属于一家公司的产品可以实现相互跳转。

在互联网时代，万物更新换代的速度之快令人难以想象，在这之中却有一个话题能保持长盛不衰，就是“连接”。在整个过程中，随着交互机制的变化，互联网的使用门槛在逐渐降低，互联网连接万物的构想正在逐步实现。

微信作为智能手机时代的产物，其交互逻辑是触摸。而下一个时代的产物，如智能眼镜，其交互逻辑可能会演变为眼球控制、语音控制，甚至是“脑机交互”，人类大脑发出的生物信号直接转化为电子信号对事物进行控制，尽管这一设想非常大胆，但其在未来却非常有可能实现。

在张小龙的设想中，未来的应用程序应该是一种无处不在，又可以随时访问的状态。这种状态要想实现，必须借助于两大技术——人工智能和云计算。因为只有使用人工智能解读用户的想法，才能将其想要使用的程序呈现出来，做到无处不在；只有借助处理能力强大的云计算，才能将本地设备转变为一种载体，对用户的需求做出快速响应，做到随时访问。

上述设想要想实现，首先要在互联网硬件、软件和计算能力等方面取得突破。而微信只是一个工具，受时代的限制，张小龙只能将自己的想法折中才能付诸实践。事实上，小程序只是一个过渡性的工具，其主要作用是为微信接下来十年的发展开路。

根据微信公开课上给出的数据显示：截至 2016 年 9 月，微信日登录用户为 7.68 亿。据腾讯 2016 年第三季度财务报告显示，微信月活跃用户为 8.46 亿。根据 CNNIC 最新报告显示，我国网民规模为 7.31 亿，两相对比，我们可得出这样的结论：国内的互联网用户基本上都是微信用户。

从这个角度来说，微信“连接一切”的使命已完成了 50%，也就是说，微信已完成了连接人的使命，接下来，微信就要朝着连接物的目标进发。

为了完成连接物的目标，微信推出了服务号。服务号的预想用户就是广大商家群体，但无论如何推广，这个产品并没有达到预想的效果。在微信快速发展的同时，腾讯强大的竞争对手阿里巴巴也在迅猛发展，为了不被淘汰，腾讯只能将施力点放到资本上。

现阶段，一条腿走路（单发展线上）的方法不再适用，腾讯必须朝线下发展，这一任务自然而然地落到了微信上。

张小龙在演讲中曾说：在智能手机时代，服务获取渠道更多地来源于线下，就目前的手机技术而言，线下获取服务最简单的方法就是扫描二维码。在小程序发布之后，他们希望能有更多的企业将其服务转变为小程序的一个形态，被所有的微信用户使用。由此可见，打通线下场景可能就是微信小程序的终极目标。

◎ 自媒体升级：公众号价值变现

早在 2016 年 9 月 21 日微信小程序内测消息发布之时，就有人预测小程序可能只有一年的红利期。

持这种观念的人认为：公众号从诞生到现如今的成熟形态花费了 4 年的时间，第 3 年才吸引了规模资本进入。而微信小程序在发布之前就已备受关注，资本、创业者、平台都已准备好，一经发布就会迅速成熟，其红利期自然也会缩短。

但是，小程序与公众号是两个完全不同的产品，其红利也不能同日而语。

因为，公众号的红利实际上是用户红利，微信用户的暴增能为早期的公众号带去众多粉丝，使其成为大号。从这个角度来讲，公众号属于订阅逻辑，存在粉丝概念。而小程序则与此不同，它不仅没有订阅逻辑和粉丝关系，还不能主动推送消息、主动唤醒用户，只能被动地等待用户召唤。在这种情况下，公众号通过持续推送内容使流量变现的方法在小程序中完全不适用。小程序无须下载、用完即走的特性很有可能使用户仅使用一次就再也不回来，面对这种情况，小程序的运营商完全无能为力。

但是，无论互联网生意如何千变万化，其本质都是流量，这是永远不会发生变化的。小程序要想实现持续盈利，最重要的就是获取流量。小程序流量获取可通过两大渠道实现，一是用户获取，其关键是让用户看到、知道和记住；二是复用性，就是让用户产生依赖，用了再用。

从根本上来说，小程序的复用性是由用户的使用体验决定的。简单来说，就是用户能否用了再用，关键在于其在使用过程中能否获得优质的使用体验、能否玩得开心，而这完全取决于运营商为其提供的服务质量。这项工程的复杂程度无异于开发一款传统的 APP，所以，实力比红利更加重要。

由此可见，小程序争夺红利的焦点在用户获取方面，其基本逻辑有两个：第一，用户的心智有限，同类小程序只会记住一个或者两个，为此，小程序争夺红利要聚焦在具体场景争夺方面；第二，小程序的名字不能相同，为此，那些通俗易懂、搜索频率高的关键词也会成为争夺的焦点。总结来说，小程序争夺红利的焦点就是争夺场景和关键词。

那么，对于公众号的运营者来说，小程序的出现意味着什么呢？会给其带来何种改变呢？

在上面提到，微信小程序有一个功能：统一认证主体下的小程序与公众号可以相互跳转，这为微信公众号大号带来了诸多利好。

由于小程序无法在朋友圈分享，所以其推广对两个场景极为依赖，一是线下场景，二是微信环境外的线上场景。小程序要想吸引“游客”注意，必须走完“曝光—教育—使用”全程，但是无论在线上还是在线下，其转化率和推广成本都极其令人担忧。

但是微信大号的导流则与此不同，名气较高的公众号本来就已被人熟知，有较强的认可度，无须耗费教育成本。曝光成本又只与自身流量的使用相关，因此，只要小程序不是非常糟糕，导流效果就是显而易见的。

对于知名度较高的微信公众号来说，小程序对其产生的益处在于：借助小程序提供的服务能力，其积累的大量粉丝的消费能力将得以释放，用户不仅可以在公众号阅读，还可以通过公众号跳转到其他的小程序环境中，完成交易和交互。例如，某读书类的公众号，可以引导用户借助小程序跳转到书城、讲座等场景中，一站式满足用户关于阅读的所有需求，为用户提供优质的体验。

小程序为用户提供的服务越多，其商业发展空间就越大。因此，小程序的出现进一步提升了公众号大号的入口价值，提升了其市场估值。对于内容创业者来说，新一轮的大战一触即发。

◎ 公众号平台如何玩转小程序

2012年8月，微信公众平台的正式上线引发了广泛热议，几年后，一批具备优质内容生产能力的创业者及企业通过微信公众号创造出了巨大的价值。如今，虽然微信公众号的红利正在逐渐消失已经是一个不争的事实，但我们也无须太过担忧，因为有可能成为下一个风口的微信小程序已经正式上线。

滴滴、携程、京东等嗅觉相当敏锐的互联网企业率先公布了小程序，显然诸多企业都想借着微信小程序的红利分一杯羹。不过对于内容创业者而言，这些巨头的玩法可能并不适用，他们需要关心的是：小程序将会给公众号带来怎样的变化？如何借力小程序完成价值变现？从现有的市场案例中可以借鉴什么经验？

◆ 小程序的出现对公众号意味着什么

从本质上来说，公众号与小程序是两个完全不同的概念，双方的定位有很大的差异。公众号的核心竞争力在内容，用户订阅或关注公众号的目的是为了获取其提供的内容资源，所以那些优质内容创造者通过公众号取得了成功。

小程序则更加侧重工具及服务属性，张小龙表示，小程序是为了满足用户的实际需求，在购物、点餐和支付等场景中能发挥巨大的作用。小程序不会像公众号一样主动向用户推送信息，它能够脱颖而出的关键就是解决实际问题的能力。

因此，内容创业者对小程序和公众号之间的玩法需要有所不同。小程序对公众号的最大价值就在于它使后者的商家价值被重估。小程序能够很好地服务广大消费者，从而有效激发公众号粉丝的消费潜能，以前分析订阅公众号的目的仅是为了阅读内容，而如今可以通过公众号将流量引导至小程序中，通过为他们提供服务来获取价值回报。除了与广告商进行合作，内容创业者还将通过小程序获取更多的利润来源，如内容付费、电商等。

◆ 大号们都是怎么玩小程序的

我们可以从公众号运营方开发的诸多小程序中寻找解决经验。

1）吴晓波频道会员：会员管理系统

图6－1　吴晓波频道会员

“吴晓波频道”通过为会员提供“每天听见吴晓波”的付费音频服务来获取利润回报。而这项服务是被内置在公众号的菜单栏中，但当用户推出 H5 页面时，音频就无法播放，这给用户体验带来了一定的负面影响。

“吴晓波频道”开发的小程序则使这一问题得到了有效解决。非会员用户使用小程序时能够获取的内容都是公众号提供的少量免费内容，而成为其会员后就可以获取公众号提供的所有内容。在这个案例中，小程序成了“吴晓波频道”智能化的会员管理系统。

2）十点课堂程序：在线培训工具

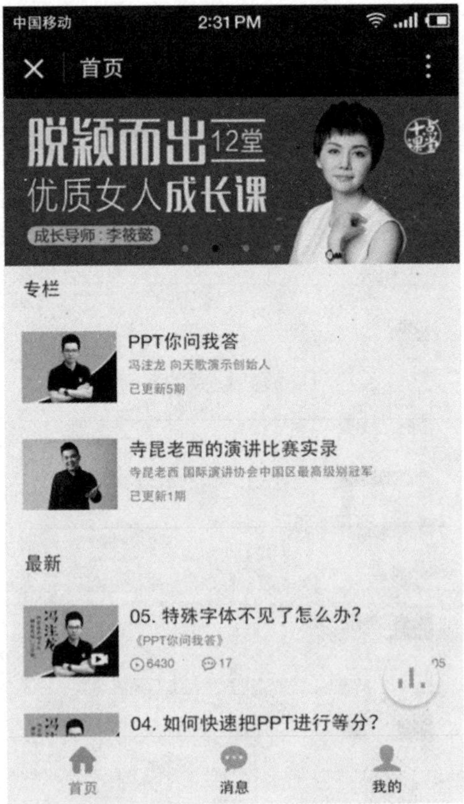

图 6－2 十点课堂程序

“十点读书”上线的线上课程“十点课堂”受到了很多用户的青睐，其中有几门课程的订阅量达到了数万份，为其创造了几百万元的营收。小程序出现后，“十点读书”上线了小程序“十点课堂程序”，能够让用户更加流畅、快速地获取自己需要的课程。

不过由于时间太过仓促，目前这款小程序还不能提供所有的课程，也暂不支持付费购买。当然，相信一段时间后，这些问题会得到很好的解决。在这个案例中，小程序成了一种在线培训工具。

3）有书想读：获取用户需求

图6－3　有书想读

对于公众号“有书”的定位，其创始团队并非仅将其局限在优秀的文章上，而是想要通过各种方法来让人们能够静下心来阅读一整本书。不久前，“有书”上线了小程序“有书想读”。目前，“有书想读”提供的功能主要就是让用户发布自己的读书心愿，每月在心愿榜中排名前10位的图书，就会被定位为共读拆书的目标。这在帮助“有书”获得了用户需求的同时，也使用户活跃度和参与感得到了有效提升。

4）什么车好：垂直领域的咨询专家

图6－4　什么车好

“有车以后”公众号推出的小程序“什么车好”以极强的科技感，让人产生了十分高大上的感觉，其语音选车功能能够让用户通过语音互动来设置汽车价位、级别、品牌等条件，从而选择出自己需要的汽车，目前这款小程序暂不支持交易。

5）毒舌电影社区：增强公众号的互动性

图6－5 毒舌电影社区

“毒舌电影”公众号推出的小程序“毒舌电影社区”主要包括新汁源、影评、搜索。

★ 新汁源：可以为用户提供优质的短片内容，页面内提供了影片简介、参演人员和剧照等，支持用户评论分享；

★ 影评：毒舌电影公众发布的关于电影的优质文章；

★ 搜索：帮助用户寻找自己想看的影视剧。

这款小程序为用户提供了搜索、评价及观看电影的消费需求，未来可以让用户直接进行在线购票和选座等功能。

6）Coolbuy 玩物志：线上商城

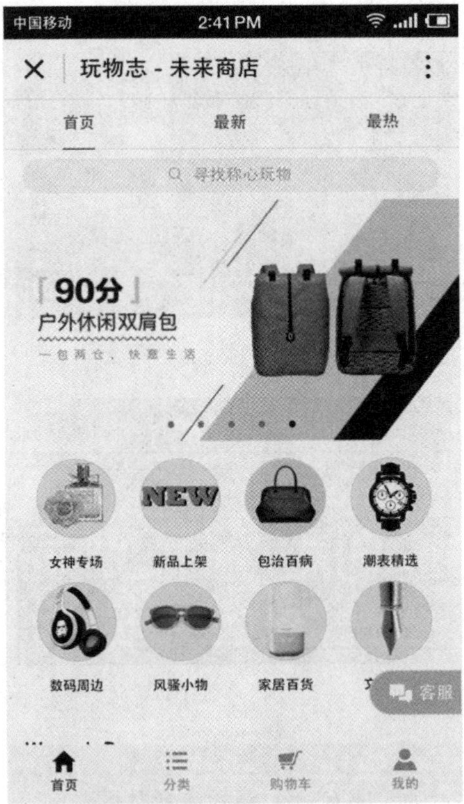

图 6－6　Coolbuy 玩物志

获得微信提供的小程序内测资格的科技媒体“爱范儿”开发出了小程序“Coolbuy 玩物志”。这款轻量级电商小程序的开发时间仅为半天，用户可以在小程序中选购自己需要的商品并进行在线支付等。

7）小小包麻麻好物：存储优质内容并支持搜索

“小小包麻麻”公众号开发出的小程序“小小包麻麻好物”为用户提供了大量优质的育儿经验分享及好物推荐。它可以看作是对小小包麻麻历史信息的分类整理，用户通过这款小程序就可以搜索到自己想要的内容，有效地解决了公众号的内容无法存储、不能让用户即用即查的问题。

图6－7 小小包麻麻好物

8）凯叔故事：精简的播放器

图 6－8　凯叔故事

为了方便用户记忆，“凯叔讲故事”开发出的小程序和其公众号采用了类似的名字，用户打开小程序后，可以选择三种模式：叫早、精选及哄睡，并提供了播放、收藏及下一个共 3 个按钮。有些人可能认为这款小程序未免有些太过精简，但实际上这完全是其开发团队根据用户平均年龄较低的特点而设计的。

9）分答快问：在线咨询

分答在微信服务号上刚推出时十分火热，但其推出了独立的 APP

产品后效果却不是理想，部分原因就是因为它的流畅性较差，而推出小程序“分答快问”后则能够很好地解决这一问题。

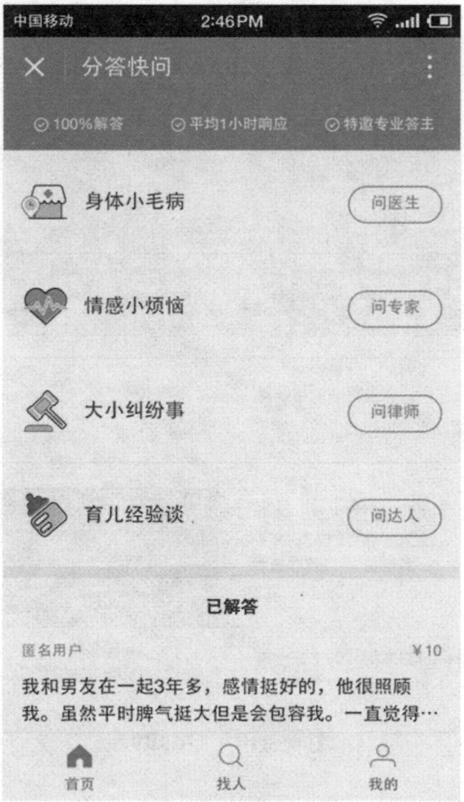

图6-9　分答快问

10）Qdaily：更高频率地为用户提供优质内容

为了避免用户被过多的推广信息困扰，微信对公众号设定了“每天只能发送一条消息”（零点更新，不能叠加）的限制。但这给以“好奇心日报”等具备较强的优质内容生产能力且更加注重内容时效的公众号却造成了一定的困扰，而推出小程序“Qdaily”后，这一问题就得到了有效解决。

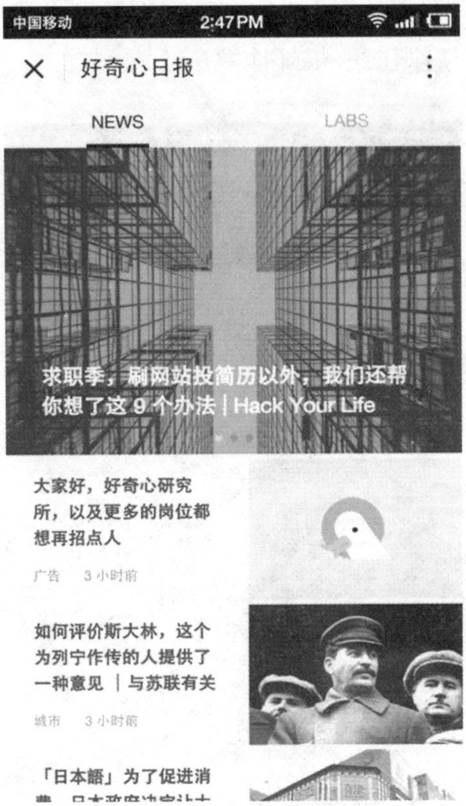

图 6-10 Qdaily

国内的互联网圈对于“借势”“红利”“风口”等逻辑太过依赖，导致很多的创业者及企业甚至忘记了商业价值的获取始终是建立在为用户创造价值的基础之上。小程序不强调流量和红利，而是更加侧重于为用户服务、解决实际问题的逻辑，这使很多的参与者感到有些茫然。

微信小程序不支持分享朋友圈的背后，恐怕就是认识到了开发者过度重视营销而忽略为用户创造价值的问题，小程序是让商家回归到用服务留住用户、通过为用户创造价值来获取利润的商业本质中来，而不是在朋友圈内刷屏。

为了抓住所谓的“短暂红利期”而匆忙推出的产品和服务，大部分都被用户抛弃。小程序存在红利，但这种红利是建立在为用户创造价值的基础上，只有开发人员在真正明白用户需求并对自身的产品有一个清晰的定位后，我们才能真正迎来一个如火如荼的小程序产业的春天。

第 7 章　小程序运营：开发者如何迎接小程序时代

7.1　小程序与 APP：谁将主导移动互联网的未来

◎ 相融共生：两种服务形态的互补

小程序是微信平台发展过程中的又一个里程碑。从微信自身发展的角度来分析，凭借 8 亿多的用户基础，微信完全可以尝试全新的商业模式，并展开布局。经过长时间的积累，微信在国内社交平台及移动支付平台中都居于绝对领先地位，通过推出小程序，微信的发展逐渐趋向于应用平台。

尽管与 APP 相比，小程序有诸多优点，但目前将 APP 卸载转而使用小程序的用户仍然较少。此外，立足于用户体验的角度来分析，因为小程序追求轻巧简便，大部分小程序舍弃了许多功能，如滴滴出行、今日头条等只保留了核心功能，这在一定程度上降低了用户体验。

因此，仍然有很多用户倾向于选择实用APP而非小程序。举例来说，喜欢阅读的用户，宁愿保留今日头条的APP；习惯于网购的用户，则会明显感受到此类小程序在服务方面的不周到。由此可见，即便推出微信小程序，传统应用的粉丝用户，也仍然更青睐于APP，因为APP经过不断地升级，其体验也在逐步改善，但小程序的界面过于精简，反而可能降低用户体验。

因此，对APP而言，小程序的补充作用更为明显。与此同时，小程序也弥补了某些微信订阅号和公众号的不足。部分订阅号和企业的服务号经过长时间的运营，积累了大规模的粉丝用户，微信小程序可作为此类公众平台的补充，为用户提供核心服务，还能在微信订阅号中添加小程序链接，将用户引至小程序中，举例来说，毒蛇电影社区作为公众号“毒蛇电影”的小程序，就能为用户提供电影资源。

对某些企业而言，小程序可辅助其微信公众号的运营，推动其发展。但相对于小程序，部分企业只有依托传统APP才能向用户提供完整的信息和服务。换个角度来说，不少企业仅将小程序作为中间的跳板，先通过微信公众平台，把用户转移到小程序，然后再将用户导流至APP。在这个过程中，小程序如同先导部队，在小程序的运营证明其方向的正确性后，企业就能进一步推出自己的APP了。

微信小程序推出的目的，并非只是替代传统移动程序，微信团队希望小程序能够使用户以扫描二维码的方式迅速获取线下服务，实现人与服务之间的连接。在今后的发展过程中，二维码的应用范围会逐渐拓宽。

另外，小程序推出后，用户可通过扫码的方式获取更多服务，这确实给支付宝造成了冲击，驱使其采取应对策略。无论是微信还是支付宝推出的小程序应用，在经过一段时间的探索之后，都会实现用户与更多服务之间的连接。

目前，从表面上来看，互联网似乎在大部分地区都实现了覆盖，然而，除极少数线下消费场景之外，大部分的互联网应用仍以支付功能的实现为主。未来，企业可通过小程序的应用进一步服务消费者，对用户来说，只要用手机扫描二维码，就能轻松获取商家的各项服务。由此可推测，未来，当二维码投放到各个地区时，绝大部分的线下服务都能与线上运营结合起来，到那时，物联网生态系统也就真正建立起来了。

从这个角度来说，小程序的推出，是立足于长远的商业规划及战略实施而采取的一项举动，是为了推动物联网生态体系的建立。

不过，在短期内，小程序还无法使全球发生颠覆性的改变，企业无须担惊受怕，因为小程序与 APP 一样，仅为一种服务形态，对企业而言，最重要的还是服务内容的提供。

◎ 小程序与 APP 各自的优势与不足

◆ 小程序与 APP 的多维对比

可以从以下几个角度对比小程序与 APP 的不同：

1）立足于技术的角度来分析，小程序的体验比 APP 差

我们都知道，APP 是以 iOS 与安卓系统为前提推出的应用；小程序则不同，它是依托微信生态推出的；微信本身与 APP 存在共性，其不同之处在于，微信的流量要高出其他 APP。

立足于层级关系的角度来分析，对于微信而言，小程序不过是其下层的一项应用。由于在使用小程序时，需要经过更多的计算才能达到同样的目的，因此，很难从技术方面使微信小程序的使用流畅程度等同于原生 APP，这对处理器提出了更高的要求。

从用户界面的交互性及其功能的个性化角度来看，原生 APP 的优势明显高于微信小程序，所以，诸如高德地图、美图秀秀以及一些包含众多复杂数据的游戏程序来说，并不适合以小程序的形态面向用户。相比之下，强调核心功能、使用频率不高、工具性较强的应用更适合通过小程序的形态来体现。

2）立足于功能体量的角度分析，小程序无法同 APP 比肩

相比于传统 APP，小程序只能担负轻量级的需求。小程序的“小”，本身就意味着其精简性，相比于其他应用，小程序更适合强调核心功能的工具性应用。根据微信的规定，小程序的大小不得超过 1M，而很多 APP 的体量都超过了 100M，其包含的功能及内容自然更加丰富。所以，功能简单、实用频率不高、工具性强的应用可通过小程序的形态面向用户。按照微信团队的要求，游戏类、直播类服务不包含在小程序的服务范围内，除技术性因素的限制之外，也是为了与微信的生态体系建设相符。

3）立足于开放性的角度来分析，小程序比 APP 差

传统 APP 是依托 iOS 与安卓系统开发出来的应用，在符合其生态系统规则的基础上，推广及具体运营方式都掌握在企业手中，微信小程序则不同，它是依托微信生态系统推出的应用，是采用 HTML 5 语言编写出来的，只有在微信中才能保持正常运营。随着网络技术的发展，以手机为代表的移动终端的性能也不断改善，而微信小程序的开放性不及原生 APP，从目前的情况来看，小程序的性能还无法与 APP 相提并论。

4）立足于生态层面的角度来分析，小程序与 APP 的实力不相上下

在传统互联网时代，PC 端软件与浏览器网站的关系，同当前微信小程序与 APP 的关系存在许多共性。在互联网早期发展阶段，PC 软件与很多网站并存，其中，PC 软件是依托计算机操作系统开发出来的应用，而网站则是依托浏览器生态系统开发出来的应用。事实上，在微信小程序未推出时，我国就出现了类似的雏形应用，即“轻应用”，包括百度、腾讯在内的实力型互联网企业都推出了自己的轻应用，如百度轻应用、QQ 浏览器等。其中，百度轻应用聚焦于搜索功能，而 UC 的轻应用则聚焦于浏览功能，其共同点在于，二者都是以 Web APP 插件的形态呈现出来的，但由于这两个应用平台使用频率较低，用户回访率较低，最终没有发挥出支撑总体生态的作用。

◆ 小程序与 APP 的优劣势总结

1）APP 的优势与不足

在移动互联网早期发展阶段，APP 作为应用载体，其地位十分突出。APP 的优势也十分明显：依托应用程序编程接口开发的 APP，能够灵活调动硬件资源，这种软件在应用流畅性、界面呈现和整体效果方面都要优于小程序。与此同时，APP 在应用过程中，可以与移动硬件的运营紧密配合，进一步提高用户体验。

不过，APP 的运营需要足够的成本支持。在开发 APP 时，要使其符合 iOS 与安卓系统的技术标准，还要经过许多中间环节才能完成应用上传；再者，APP 的运营也离不开市场运营团队及产品负责人的支持，如今，APP 推广消耗的成本也越来越高，这些都给 APP 的运营带来了挑战。

此外，APP 承载的重需求决定了其开发成本和运营成本维持在较高

水平，而足够的成本支持则是APP具备完善交互性的前提。换个角度来说，大多数轻需求应用若采用APP形态，就需投入高出其最终价值产出的成本，还有可能达不到预期的效果。

2）小程序的优势与不足

作为隶属于微信生态下的应用形态，小程序本身的体量就比较小，但足以满足部分对交互性要求不高、功能不复杂的应用需求，与此同时，小程序的开发成本较低，无须考虑不同平台的适配性，在应用分发方面也无须投入太多成本。

小程序的“小”，也决定了这种轻量级应用存在局限性。有些对交互性要求较高、包含诸多功能的服务，就不适合采用小程序的形态推出，导致小程序不适合承载所有类型的需求，其运营还需符合微信的规定。不过立足于总体应用生态的角度分析，传统APP适用于重需求，而小程序则与轻需求相匹配，两者结合，能够更好地促进总体应用形态的发展。

换个角度来说，应用形态只有符合实际需求才能促进运营方的发展，因此无论是传统企业还是初创企业，都可以从小程序开发和运营中获益。随着小程序的发展成熟，用户在产生需求时，可能会先通过微信搜索对应的小程序，如果其需求无法解决，再安装APP。

◆ 小程序与APP：开发者何去何从

小程序上线后，部分业内人士表示小程序将彻底取代APP产品，甚至有些用户卸载掉了部分APP。但事实上，二者之间并非是谁要取代谁，尤其是那些对专业性和服务体验要求较高的独立APP几乎不可能被取代。虽然小程序无须下载安装、即用即走，但仅凭这些仍无法彻底取代APP。

确实APP要下载安装，但小程序的推广明显比APP更困难。而且APP有专业的分发平台负责推广，而小程序却只能借助有限的渠道被用户触及，而且小程序不能和APP形成较强的连接关系。

虽然用户下载安装的某些APP使用频率较低，但在手机空间越来越大、性能越来越高的背景下，几年以后，安装APP本身将不会给手机用户带来困扰。尤其是那些专业性较高及服务体验良好的头部APP就更不会被用户卸载了。

小程序强调“所见即所得”，但距离其所倡导的那种所见即所得恐怕要有相当长的一段时间才能实现，从目前的情况来看，对线上用户，小程序的入口终究还是太过隐蔽。

不过小程序的出现，可能会导致服务号受到较大的影响。服务号是要让用户与服务实现精准对接，但用户在使用其服务前，却需要先订阅，而且还要受到其不断发送的推广信息的困扰。对于服务本身来说，通过服务号这种基于移动网页所提供的服务，也难以带来较理想的用户体验。

因为这种逻辑不符合“用户至上”的商业逻辑。就像一个广告牌上提供的应该是能够为用户立即服务的链接，而不是让人们去订阅这个广告牌。

而小程序就和这个链接比较类似，因为看到推广信息的潜在用户可能是为了获取你推送的服务，至于去订阅、去接受你推送的其他信息则不在其考虑范围内，服务号先订阅后服务的性质类似于捆绑式服务，而小程序就是为了打破这种局面。所以，小程序出现后，恐怕会取代很多服务号。

综上所述，小程序将会与APP共同存在，二者都有其各自的优劣势和应用范围，不同的商家需要根据自身的情况进行选择，甚至是同时使用。例如，小程序的推广及用户留存受限，此时就可以开通一个公众号来解决这一问题，小程序只要专注服务即可。

不少业内人士认为，随着H5发展势头的上升，APP的热度将会逐渐降低，对于这个问题，需要明确的一点是，微信也属于APP应用的范畴，那么，按照上述思路，APP发展势头衰微，微信也有可能被市场淘汰。但是我们不能忽视的是，无论是iOS还是Android系统的生态体系，其发展都离不开APP，因此，在正常运营的前提下，APP与H5将并存发展下去，未来也有可能出现其他形态的应用。

对于那些参与到小程序开发与运营中的人来说，孤注一掷地选择小程序，完全不考虑APP是不明智的。因为目前及未来很长一段时间内，手机依然是用户随身携带的移动终端设备，在此基础上，依托操作系统推出的APP仍将保留在用户的手机桌面上，与此同时，以微信生态为基础建立起来的小程序，也会面临其他形态应用的挑战。

综上所述，对于新入局者而言，确实应该借助微信小程序的红利期推动自身发展，但也应该意识到，与此同时，也会有很多竞争者参与到其中，在这种情况下，身处大潮中的企业需要根据自身发展情况做出科学的判断与选择，通过明确自身的定位、把控自身发展节奏在竞争中处于优势地位；不然，参与者既无法借机推动自身发展，还可能得不偿失，陷入发展困境。

◎ 如何看待小程序与APP的未来发展

在传统互联网时代，互联网创业者往往通过建立网站的方式创业；移动互联网到来之后，互联网创业者便转而进行APP的开发；微信、微博等社交平台的火热，带动了自媒体创业的浪潮；而微信小程序推出后，其也成为互联网创业的一大方向。

同样，APP 诞生后，许多 IT 技术人员开始从事基于操作系统的程序开发；自媒体诞生后，该领域吸引了许多媒体人自主创业；小程序的诞生，也会驱使更多人从事 HTML 5 前端的开发与设计。

小程序出现之前，APP 在分发推广环节需消耗大量成本，如今微信小程序诞生后，除了各类应用市场，微信也将成为其重要的分发渠道，改变以往的应用分发和推广方式。

从用户的角度来分析，究竟使用哪种形态的应用不是他们在意的问题，相比之下，用户更在意是否具备简便的操作流程、应用本身占用的手机空间，并希望区分出适合通过微信启动的应用，以及适合保留在桌面上的应用。为此，开发者及运营人员应该对小程序承载的功能类型有所把握，在小程序与 APP 之间做出科学的选择与判断。

未来小程序的地位能否超越 APP，也与微信团队对小程序的打造有很大的关系。换句话说，就是在微信团队的努力下，若小程序能够得到用户的认可，弥补传统 APP 的不足，使用户在选择时，更倾向于通过微信小程序来满足自身需求，并不断优化用户体验，从而扩大其应用范围，那么未来，小程序就有可能超过 APP，占据主导地位。

由此看来，在今后的发展过程中，小程序与 APP 的地位分布，在很大程度上取决于微信团队及运营方建立的小程序生态，能否获得用户的认可。

其实，早在小程序未推出时，一些浏览器就依托 HTML 5 开发出了自己的 Web APP，但其运营最终取得的效果却十分有限，这是由于他们推出的“轻应用”无法调动开发者的积极性，多数企业没有将“轻应用”作为自己的选择，在这种情况下，从事“轻应用”开发的人并不多，其生态建设也缺乏足够的技术支持。相比之下，微信小程序则能够促使开发者及运营方的参与。

一方面，微信在用户基础上占据优势。根据腾讯 2016 年第三季度财报，微信的月活跃用户达 8.46 亿，不仅如此，用户使用微信的频率以及时间都使其他应用难以望其项背。如今，微信既是国内首屈一指的社交网络平台，在国内所有媒体聚合平台中也居于榜首。因此，与其他平台相比，微信处于优势发展地位。

另一方面，微信经过长时间的发展，先是实现了用户积累，接下来成为内容分发的重要渠道，之后又担负起服务连接平台的重任，微信生态能够满足服务提供方的各类需求，因而能够调动他们参与的积极性。

所以，要调动企业尝试推出小程序的积极性，微信团队就要发挥自身积累的用户优势与内容优势，并提高用户的回访率，如此一来，微信小程序便有望与 APP 比肩，甚至超过 APP 占据主导地位。

到 2017 年，APP 的发展已经超过了六年，相比于 2017 年初推出的小程序而言，APP 的发展已经进入相对稳定的时期，小程序则不同，与以往的轻应用及 H5 相比，小程序的潜能更大，有更多的发挥余地。

不同于传统模式下的 APP 应用，小程序是基于微信生态的应用，虽然不需要下载与安装，但用户在微信中打开后，相当于在微信中进行本地化操作，其体验介于 Web APP 与原生 APP 之间。此外，与浏览器相比，因为微信能够满足用户及服务提供者在内容阅读、社交、支付等多方面的需求，因而更能调动开发者和运营方参与的积极性，在用户支持的前提下，会有越来越多的人从事小程序开发，促进整体生态的发展与完善。

采用创新思维的微信小程序，随着技术水平的提高，在后续发展过程中会呈现出怎样的姿态？按照现阶段的情况还无法准确预测，因为当前的小程序开放程度较低，未来可能会出现新的局面，所以，微信团队在今后的发展过程中可能会有进一步的改革，向开发者及运营方提供更多的接口，而随着其开放程度的提高，小程序就有望比肩甚至超过 APP。

◎ 小程序能否颠覆 APP Store 模式

刚刚诞生的微信小程序吸引了外国媒体的广泛关注，甚至有外媒称：在未来的十年内，微信想要向苹果发起挑战。这种论调或许有些言过其实，但微信小程序引发苹果 APP Store 模式进行变革却有非常大的可能性。

迄今为止，苹果 APP Store 上线已有 8 年的时间。根据官方数据显示，APP Store 在上线之初仅有 500 款应用程序，现如今，其应用程序的数量已达 200 万，应用程序的下载次数也超过了 1300 亿次。

◆ APP Store 开发者的营收结构亟待优化

苹果宣布：2016 年，APP Store 中各个软件所赚取的收入达 200 亿美元，与 2015 年相比，增长了近四成。按照规定的分成比例（三七分成），苹果至少可从中分得 80 亿美元。

在开发者分成方面，从 2008 年到 2015 年 1 月，苹果 APP Store 向开发者支付的分成费用达 400 亿美元，到 2015 年 6 月，这个数额增长到了 500 亿美元。而 2016 年全年，苹果 APP Store 向开发者支付的分成费用就达到了 200 亿美元。由此可见，苹果 APP Store 向开发者支付的费用正在逐渐增长，消费者也已经形成了付费下载、使用应用的习惯，头部开发者所获取的收益也越来越高。

在这种形势下，苹果不能盲目乐观，因为从中获益最大的仅是头部开发者。Sensor Tower 公司的研究表明：苹果 APP Store 市场已表现出了严重的偏向，天平已朝大应用开发者倾斜。根据苹果发布的数据显示，2016 年第一季度，苹果 APP Store 营收 14.3 亿美元，其中，头部 1% 的开发商（约 623 家）所获营收达 13.4 亿美元。该数据表明，在苹果 APP Store，头部 1% 的开发商攫取了 93% 的营收，剩余 99% 的开发商几乎无钱可赚。

由此可见，在苹果 APP Store 的开发者群体中，其营收结构的两极分化现象已十分严重。如果一个国家的贫富差距过大，这个国家就很有可能动荡不安，这个道理在 APP Store 中同样适用。对于苹果 APP Store 来说，如此严重的两极分化现象为其未来稳定的、可持续的软件营收带来了很大的威胁。因为在无钱可赚的情况下，那剩余 99% 的开发者就会积极地寻求其他的营收渠道。

在硬件销量不断下降的情况下，软件营收对苹果来说非常重要。面对这种情况，苹果亟须保持其软件开发者队伍的稳定性，使其对 iOS 生态产生持续的积极作用。目前，苹果显然已经非常清醒地认识到了这一点，所以于 2016 年向滴滴投入了 10 亿美元的资金，以期能稳定 iOS 优秀开发者队伍，从软件营收中获取源源不断的利润来实现转型自救。

◆ 微信是 APP Store 强有力的竞争对手

1）从时间层面来看

在 APP Store 将重心转向软件开发之际，微信推出了小程序。对此，《华尔街日报》刊文称：在小程序的作用下，腾讯开始迈进由苹果、谷歌为主导的应用领域。还有分析师称：微信借此传达出它们想在未来

10 年发挥主导作用的信号。

2011—2016 年，从一款社交应用到一个应用生态平台，微信在这 5 年的时间野蛮生长，其用户数量已达 8.46 亿。在这个平台上，用户阅读、社交、购物、游戏、打车、处理 O2O 业务、办理金融业务……可以说，微信已满足了人们关于吃、喝、玩、乐、学习、工作、发展的各种需求。

但是，目前，小程序刚刚诞生，其应用体验尚无法与 APP 相较，再加上无论是开发者还是用户都需要一段时间来熟悉、适应小程序。因此，在短时间内，小程序并不会对 APP Store 的地位产生威胁。

但如果从占用用户时长的角度来看，相较于 APP Store 来说，微信占据的用户时长要长很多。根据 Quest Mobile 统计，微信的使用时长在中国全部移动端使用时长中占 35%。根据微信发布的数据显示，2016 年 9 月，微信平均日登录用户 7.68 亿，半数用户每天使用微信的时长达 90 分钟。

如今，人们的碎片化时间越来越多，在这些时间里，很少有人会去 APP Store 中下载一款 APP 来消磨时间，但用户会不自觉地打开微信。如果小程序中有一款爆款应用，用户就会自然而然地搜索、试玩。如果用户的试玩体验非常好，就会与朋友分享，继而引发口碑效应。用户使用 APP Store 是真正的用完即走，而微信小程序虽然打着“用完即走”的口号，却会让用户走了再来，玩了再玩。因此，从时间层面上来说，微信是 APP Store 最强有力的竞争对手。

2）从成本层面来看

未来，微信小程序的开发者数量会持续增多，随着爆款的不断出现，大量中小型应用的开发者会逐渐动摇。在微信小程序出现之前，微信公众号就已经和 APP 形成了竞争之势，业内已有开发者在二者之间犹豫不决，已有大量轻度 APP 开发者放弃 APP，拥抱微信公众号，其最主要的原因在于，相较于微信公众号来说，APP 的运营成本、研发成本、用户获取成本都比较高。

微信小程序的出现给这部分创业者“添了一把火”，促使这些开发者将人力、物力转投到微信小程序中来。这种现象会对其在 APP Store 中投入的人力、物力产生影响，进而影响苹果的软件生态及营收，但这种影响还需要很长一段时间才能显现出来。

从用户的角度来说，微信小程序为其带来的全都是好处。首先，小程序基于云端，在用户不需要的时候就静置在微信生态内，在用户需要的时候无须下载就可使用，不会占用手机的存储空间。基于这些优点，在用户完全适应小程序之后，独立 APP 就会逐渐被弃用。

当然，现阶段的小程序也有很多不足。首先，由于现阶段的微信小程序没有线上入口，用户想要使用某款应用必须知道该款应用的全名才能搜索出来，这在一定程度上影响了用户的体验热情，使用户对各领域小程序的感受受到不良影响。其次，目前小程序的功能较少，带给用户的体验有很大的局限性，有些阅读类、美食类的小程序完全可以用公众号替代。

但是从总体来说，微信小程序的开发成本要低于 APP 的开发成本，微信小程序的开发速度也高于 APP 的开发速度。再加上微信小程序能分享微信所带来的巨大流量，更容易获得海量用户。

3）迫使苹果 APP Store 模式改革

上面提到，在苹果 APP Store 中，99% 的 APP 开发者是无钱可赚的。微信小程序的出现将为其带来一个赚钱的好机会，借助二维码入口，其应用触及线下用户的概率非常大。但从另一个角度来说，如果在某个时间范围内，小程序无法汇聚大批应用催生诸多爆款，就很有可能会逐渐消沉，更遑论对 APP Store 产生威胁了。

但如果微信小程序能成为一个轻量 APP 的分拨中心，就会对苹果 APP Store 造成巨大的威胁，且苹果无力对其进行封杀。因为到那个时候，微信小程序已足够强大。试想一下，届时，如果让国内用户在 iPhone 与微信之间进行选择，他们会如何抉择呢？

虽然，未来的微信小程序有与苹果抗争的实力，但毕竟苹果掌握着主导权。面对这种情况，微信面对苹果的 APP Store 不得不小心翼翼。为此，腾讯在小程序描述方面刻意地规避了“应用商店”等词汇，不做分发、不进行排名，在开发的过程中与苹果保持互通。

在目前这种平衡状态下，微信有机会、有能力收纳一部分 APP 开发者，也有可能会迫使苹果 APP Store 模式进行变革。

◎ 苹果 APP Store 如何应对小程序

对于苹果这种实力强大的巨头来说，若非其商业模式（软硬件一体化生态模式、三七分成模式）受到外界因素的威胁，其商业模式会一直延续下去，直到出现强有力的竞争对手，直到其商业模式受到威胁。

根据苹果发布的数据显示，2016 年全年，苹果 APP Store 共营收 285 亿美元，同比增长 40%。按三七分成，苹果从中获取的金额近 85 亿美元。在软件销售领域，APP Store 的出现可谓是一场革命，一经推出就吸引了大量 APP 开发者涌入，三七分成机制激发了开发者的软件开发热情，使 APP Store 成为 iOS 生态模式中的关键组成部分。

但随着微信小程序的出现，苹果 APP Store 模式亟须改变。因为，随着微信小程序的出现，随着用户使用习惯的养成，用户手机中的 APP 数量将会大幅减少，苹果 APP Store 的营收将受到不良影响。

另外，APP 模式现已成熟，其数量已基本达到饱和，分发及使用所面临的困境日益显著。首先，苹果 APP Store 中的很多 APP 都处于无人问津的状态，无法被用户知晓、下载、使用；其次，APP 的卸载率非常高，使用频率较高的 APP 只有为数不多的几个。虽然 APP 的数量越来越多，但其质量、用户黏性及创新性还有待提升，苹果在这方面还需付出诸多努力。

在分成方面，苹果与开发者按三七比例分成，苹果抽取 30%，开发商拿取 70%。这个分成比例自确定以来就从未改变，但是对于那 99% 的开发者来说，苹果从中抽取 30% 的提成会使其运营成本大幅增加，使其营收深受影响。

从目前的发展形势来看，随着微信小程序的出现，用户对 APP 的下载热情会逐渐冷却。在这种情况下，苹果亟须采取措施激发那 99% 开发者的软件开发热情，以催生出更多爆款，提升 APP 的竞争力，吸引用户下载、使用。

为此，苹果要扩大其开发者群体中的中间层，打破开发者群体收入两极分化的现象，制定、使用一套更加科学、合理的推荐机制，增加中小型开发者的营收，稳定这一群体，为优秀的 APP 开发者提供崭露头角的机会，扩大中间收入阶层的规模，打破金字塔形的收入结构，让大额利润从头部 1% 的开发者流向广大的中小型开发者。

目前，苹果也为此采取了诸多措施，如在天猫商城开设 APP Store 充值卡旗舰店，销售充值卡和充值码，并推出诸多促销活动，来激发用户的购买欲望，进而带动用户下载 APP，为 APP 付费。

另外，在很久之前苹果 APP Store 就引入了竞价排名机制，并加强了审核力度，大力打击盗版 APP。但是从应用效果来看，该措施并不能使中小型 APP 开发者的营收少问题及其开发的 APP 的推广难问题得到有效解决。

在稳定开发者队伍方面，苹果或许可以采取如下措施：在 APP Store 内复制小程序模式。具体来说，就是在 APP Store 内增设一个类似于小程序的入口和栏目，在该栏目中，用户可以直接搜索、使用轻量级 APP。另外，苹果 APP Store 还可以对小程序进行排名，向用户推荐优质小程序。

由于 APP Store 增设的小程序入口与微信搜索小程序的场景不同，前者的场景与 APP 的使用需求更加相似，无须对小程序与社交场景的错位问题进行考虑，能有效提升用户的使用体验，有效降低 APP 的使用成本和体验成本。当用户无须下载、直接试玩的优质小程序的数量越来越多时，这些小程序所占用的用户时间就会越来越长，进而触发用户的购买行为，刺激用户购买、下载更多优质的原生 APP。

很多人担忧对于微信小程序这种可能会变革传统 APP 流量分发业态的颠覆者，通过 APP Store 而获得大量收入的苹果可能会阻止微信小程序版本上线。事实上，微信开发团队刚开始时也不确定能否通过苹果的审核。

这种情况其实和 2012 年微信刚上线时与电信运营商之间的处境比较类似，当时人们一度认为中国移动会封杀微信，因为后者让中国移动的短信服务业务受损。但结局颇让人意外，中国移动和微信在流量方面达成了一致，虽然中国移动的短信业务大幅度下滑，但流量收入却迅猛增长。

而微信与苹果之间目前似乎已经达成一致，苹果公司并未阻止 iOS 版本的微信在 APP Store 中上线，只不过是禁止微信使用“应用号”这一名称。根据了解，微信团队在与苹果公司进行谈判时，就是使用的“自选股”小程序，通过该小程序，苹果公司了解到了小程序的定位是那些“小而美”的功能服务，而不是取代那些专业性较强的独立 APP。

就苹果来说，借助这种模式，一些中小型开发者开发的 APP 能触及更多用户，增加其收入，创新其商业模式。在这种情况下，苹果既能解决开发者流失问题，又能创新软件营收模式，构建新的软件营收渠道，增加软件营收。

微信小程序的出现为 APP 应用市场带来了一系列变革，APP Store 复制小程序的这种模式只是我们的一种设想而已，面对微信小程序带来的一系列变革，苹果会采取何种措施应对我们不得而知，但是苹果 APP Store 的模式极有可能发生变革。

7.2 设计原则：如何设计一款小程序产品

◎ 设计原则1：理解微信的产品观

自小程序上市之后，开发者们热情高涨，都想掌握先机，占据优势地位。但是在这背后，开发者们需冷静下来，明确两个问题：第一，微信发布小程序的目的是什么？想要开发者做些什么？第二，开发者借助微信小程序可以做什么？

首先，开发者们要明确微信发布小程序的意图。结合张小龙之前表述的关于微信应用号的一些观点及其微信产品观，可以就微信发布小程序的意图总结出以下几大要点：

1）服务用户，不打扰用户，用完即走

微信产品观中一直充斥着张小龙倡导的朴素浪漫主义情怀，微信如此，微信小程序亦是如此。从用户的角度来看，用户每天在 APP 上消磨大量时间是不合理的，虽然微信占据了用户大量的时间，但在张小龙眼中，这种现象不是一种好现象，甚至成了束缚微信发展的锁链。因用户规模庞大，用户对微信的依赖性过强，使微信团队的任何决策都万分谨慎，一旦出现偏差，就会引发“蝴蝶效应”，产生不可预测的后果。因此，对于微信来说，稳健是最好的发展策略。

基于此，微信小程序的开发也要遵循这个产品观。另外，小程序的设计规范明确表示：小程序不允许推送消息、转发朋友圈、诱导用户关注；再三强调小程序的服务功能，用户在需要的时候主动搜索，用完即走，在用户不需要的时候，小程序要保持安静。

2）刺激微信生态

从 2011 年到 2017 年，微信已历经 6 年的发展，曾经新鲜一时、备受欢迎的摇一摇、朋友圈、群对话、抢红包日渐失宠，越来越多的用户开始关闭朋友圈提醒、在微信群设置消息免打扰等。在用户对微信逐渐冷淡的同时，大批第三方应用却借助微信获得了巨大的流量红利。如微信群助手、脸萌、H5 小游戏等。事实上，这些流量红利微信可以自己收入囊中。

无论出于何种目的，现阶段的微信都需要有新的突破。微信小程序的开发可以说是一个众包项目，借助第三方的力量构建起一个完整的微信生态，增加试错机会，为小程序的开发提供更多可能，基于用户反馈对小程序进行持续调整。微信小程序的设计规范明确表示：不可以开发与现有服务类似的应用，这一规定也印证了上述观点，且这一规定对于微信与第三方开发者来说都助益良多。

3）服务号未实现目标，小程序予以补充

微信推出服务号的目的有两个，一是为用户提供更多、更优质的服务；二是给那些低频工具或商户提供一个连接用户、为用户提供服务的机会，使其不用独立开发 APP，免除其开发成本。但是由于种种原因，如入口位置不佳、推送频率过少、交互展示功能不好等，很多服务号只承担了帮助企业推送消息的功能，没有拓展新的应用领域，也没有落实微信对其的设想。

4）流量变现

在流量变现方面，微信非常谨慎小心。微信小程序的推出，既能让微信更好地维护现有的用户体验，又能创建更多流量变现场景，推动流量变现。

◎ 设计原则2：围绕用户体验而开发

◆ 小程序的价值

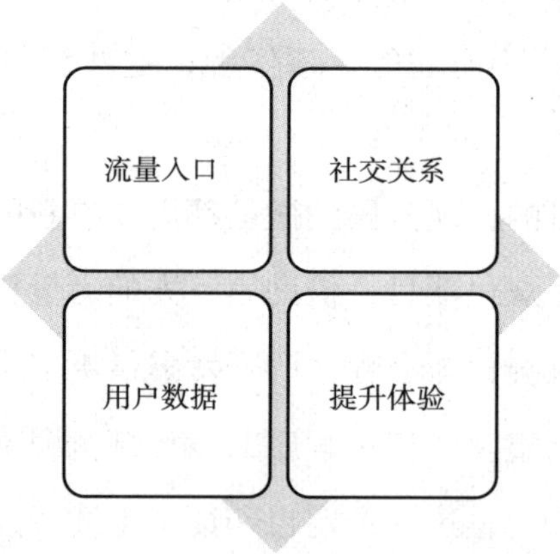

图7－1　微信小程序的价值

从应用者的角度来看，微信小程序可以为用户提供以下价值：

1）流量入口：微信占据着巨大的流量入口，所有现有的围绕微信构建的商业模式的成功都得益于微信巨大的流量。所以，对于应用者来说，微信小程序的首要价值就是流量入口。

2）社交关系：微信构建了一个庞大的社交关系链，这个链条对于任何一家公司来说都有很大的帮助。经过多年的发展，微信已积聚了诸多关系，如熟人关系、社群关系、行业关系等，且已形成科学合理的用户分层。借助这些关系，任何一家公司都能与目标用户取得直接联系，特别是那些尚未对社交优势进行充分利用的APP，在这些关系的帮助下，其自身业务能得以更好地开展。

3）用户数据：用户数据的价值巨大，任何一个企业或机构都不能否认其价值。在取得用户授权的情况下，如果企业能获得较为完善的用户数据，如用户的社交关系、位置信息、社交内容等，将为其精准获取客户、推行精准营销、实现精准变现提供极大的帮助。

4）提升体验：相较于微信服务号而言，微信小程序给用户提供的功能及交互更多，给开发者预留的发挥空间更大，给用户带来的使用体验更加优质。内测结果表明，相较于预期而言，小程序带给用户的体验更加流畅。

◆ 小程序设计的五大要点

小程序设计要从以下五个方面着手：

1）突破工具思维，以服务为基础进行拓展

虽然从目前的情况来看，小程序最好做的是工具。但是，小程序开发要突破工具思维，以服务为核心。在设计小程序时，设计者要立足于所处的业务类型，深入思考以下问题：用户最需要的服务是什么？用户进入APP前后其场景是否需要补充？需要做哪些补充？或许在某些情况下，这些问题的分析结果与APP的主营业务不符，面对这种情况设计者无须担心，只要其与设计者对小程序的预期相符即可。

以某款阅读类APP为例。如果这款APP只简单地将内容聚类与搜索功能转移到微信小程序中，就很难吸引用户。如果这款APP跳出其主营业务，回归到阅读本身，思考如何事先激发用户的阅读兴趣？如何在事后满足用户的摘录需求？那么在这种情况下，相较于只关注内容来说，深挖用户的摘录需求，做好摘录的意义更大。

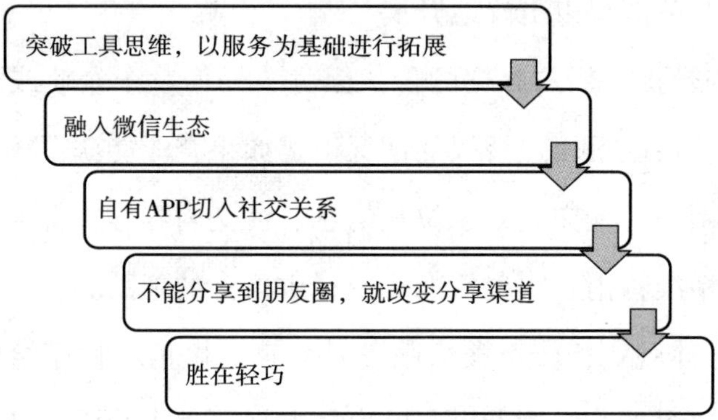

图7-2　小程序设计的五大要点

2）融入微信生态

微信小程序不是一个孤立的存在，而是微信的一部分，与微信所有的功能相关，与微信生态相融。因此，设计师在设计微信小程序时要多方考虑，要与用户、信息和服务这三个最重要的载体相接，充分考虑生态搭建内容，做好后续扩展工作。

仍以阅读类APP为例。如果设计者决定要以摘录为切入点，那么摘录可能来自于公众号、服务号推送的内容与消息、群聊天记录等，这样，小程序就会与整个微信相融，并为之后的服务升级、变现模式的构建、用户体系升级等功能的实现留足空间。

3）自有APP切入社交关系

微信的社交关系链价值巨大，小程序设计以此为切入点将其与微信的使用场景结合在一起，用户对小程序的接受度会更高。此外，借助微信小程序，设计者还能获取用户的社交关系，对自有产品的业务模式与服务范围进行有效拓展。

再次用阅读类 APP 举例，假如将第二个环节中的摘录需求与社交结合在一起，在摘录中添加二次批注功能，对其进行深入挖掘，能在将主营业务与社交结合在一起的同时，保证小程序与微信产品观相契合。

4）不能分享到朋友圈，就改变分享渠道

各企业都想获取流量，在此过程中不能忽视分享的重要性。既然微信不允许用户将小程序分享到朋友圈，那就专注于聊天，在聊天群中分享，其分享效果不一定会比在朋友圈分享差。如果用户对将小程序分享到朋友圈有一种执念，则可以采取其他方法，如截图等，将小程序暴露在朋友圈中，以达到分享的目的。除此之外，用户还可以充分利用“搜一搜”和“扫一扫”功能来让你的小程序吸引用户关注。

5）胜在轻巧

微信小程序设计一定要做到轻巧。首先，小程序设计要轻，即用户能快速进入、快速使用、快速离开，且能获得优质的使用体验；其次要做到巧，就是小程序设计要巧妙，要充分发挥设计师的创造能力，做到量身定制、富有创意及心意，以吸引用户的关注。

◎ 设计原则3：遵循小程序规则要求

微信小程序正式上线，引发了开发者的广泛关注。开发者们跃跃欲试，希望能在小程序开发方面大显身手，占据领先优势地位。虽然相较于 APP 来说，小程序开发较为简便，但其难度和复杂程序依然不能小觑。为了避免开发者在小程序开发的过程中走弯路，在开发小程序之前，开发者要注意一些细节。

2016 年 9 月底小程序内测，11 月初就进行了公测，这中间间隔时间仅为 1 个月。在小程序内测时，只开放了 200 个名额，且只能上传不能发布，公测亦是如此。在小程序公测时，虽然微信团队从方方面面（介绍、设计、开发和运营等）对其做出了详细且严格的规定，但依然不能消除首批小程序存在的各种质量问题。微信亟须通过公测为小程序找到合格的标杆，为后续小程序开发提供有效的借鉴。所以，在公测 2 个月之后，小程序才正式发布。

微信小程序之所以在公测 2 个月之后才正式发布，是因为无论是微信团队还是市场，都需要一段缓冲时间进行调整。

在微信小程序进行公测时，微信就公布了详细、准确的小程序规范。对于这一规范，市场需要一段时间接受并进行调整，第一批小程序开发者只能在规范的指导下对小程序进行摸索开发，这也就意味着第一批小程序会或多或少地存在缺陷，小程序上线还需开发者与微信团队磨合。在此过程中，微信团队也会对第一批开发者进行观察，统计其中有多少符合规范，为下一步市场培育工作的开展提供依据。这个过程花费了 2 个月的时间，所以，小程序直到 2017 年 1 月才正式上线。

事实上，这 2 个月的磨合时间也是开发者剖析规范，对小程序进行开发、设计的最佳时间。在此时间段内，开发者有机会开发出标杆小程序，占据行业领先地位，成为其中的佼佼者。当然，为了保证开发出来的小程序符合规范，开发者还需要注意诸多细节。

微信小程序规定：已认证的小程序最多绑定 20 个开发者，未认证的小程序最多绑定 10 个开发者。由此可知，一个小程序中的应用可以有多个。另外，从小程序绑定的开发者数量来看，小程序的开发者数量有所增加，也就说明小程序不仅能包含多个应用，其每个应用还能实现独立管理，最终由管理员负责统一提交。

在这里就出现了一个问题：如果是APP，管理者能在后台对角色与模块进行分配，对不同的岗位进行协调，如设置程序员负责程序运行，设置市场营销人员负责市场推广、营销。但是，在微信小程序的规范中并没有这方面的内容，那么小程序要如何运营、推广呢？

关于配置功能页面，微信小程序对其做出了如下规定：为方便用户搜索，重要业务页面的标签与类目需要完整填写，同时，重要业务页面的组数要控制在5组以内。由该项规定可知，开发者可以在小程序页面添加有利于用户精准搜索到小程序的标签，来实现精准导流。

此外，如果微信能开通搜索功能，让搜索结果在与页面标签相配的同时，也让其与小程序页面代码中的关键词标签相匹配，就能带给小程序开发者巨大的发挥空间。但是，迄今为止，微信团队尚未在此方面做出任何表示，开发者只能自己摸索。

综上所述，开发者在设计与开发小程序产品时，应该遵循以下规则：

第一，开发者必须根据小程序为用户提供的实际服务来定义小程序的功能，小程序类目的最佳放置位置在首页，即便不能放在首页，也必须放在二级页面；

第二，现阶段，小程序能为用户提供的服务不包括直播服务、游戏服务等类型的服务，其内容也不能涵盖算命、星座运势等测试类内容，因此，开发者在开发小程序时要规避这些内容与服务；

第三，对于小程序提供的服务，开发者可设置付费可见、隐藏可见，开发者可在此方面大做文章；

第四，小程序所提供的服务不能与微信现有功能类似，如不能提供导航、互推服务，不能提供朋友圈、漂流瓶服务等；

第五，小程序不允许诱导分享、诱导关注等行为的发生，不允许设置虚假欺诈性内容，广告展示所占比例必须控制在页面内容的50%以内；

第六，对于用户数据，小程序不能泄露、转让，所有行为都必须得到用户许可或者遵循提示才能发生。

◎ 设计原则4：借助小程序基础框架

从创业者的角度来看，关注度不断提升的小程序有望大幅度降低创业成本，并提升创业效率，可以说，小程序的上线使移动产品的推广方式和应用场景发生了重大变革。

在开发成本方面，由于小程序是在基于微信提供的“Web＋”框架下进行开发，这要比开发独立APP的速度快得多，而且工作量也大幅度减少。更为关键的是，小程序具有跨平台的属性，能帮助开发者大幅度降低开发成本。

以“自选股”小程序为例，这个小程序是由腾讯官方团队负责开发，2016年8月1日进入开发阶段，而2016年8月5日时便开发完了第一个样本，其开发团队仅有3人。

由于有微信提供的基础框架，小程序的开发周期要比独立APP及纯Web开发短得多。事实上，自选股小程序的第一个样本真正的开发时间仅有2天半左右，之所以会增加了一倍的时间，是因为刚开始开发时对小程序框架不熟悉，而走了一些弯路。

小程序所具有的较短开发周期及较低开发成本的特征，对创业者无疑是极大利好。从这一角度上看，创业者通过小程序进行创业不失为一个明智的选择，尤其是在市场环境和消费需求如此多变的背景下，小程序的出现使创业容错率有了极大的提升。

根据微信官方公布的数据显示，目前微信拥有月活跃用户人数高达8.46亿，而且忠实度极高。在国内市场中，中低端手机仍是主流，这种手机的硬件配置相对较低，安装较多的APP后会导致手机出现明显卡顿，性能大幅度下降，而无须下载安装、即用即走的小程序无疑有效解决了这一问题。所以，通过微信进行搜索或者扫描二维码的方式来使用小程序的应用场景，会很容易被这些用户群体接受。

此外，微信平台本身也愿意有创业者能够共同将微信生态做大，订阅号及服务号都使许多内容创业者及企业获取了大量的财富。即便是此前在朋友圈内刷屏的微商，微信刚开始时也是“睁一只眼闭一只眼”，直到央视曝光以及某些互联网监管政策出台后，微信才下定决心进行重度整治。对于小程序创业者，微信更会欢迎并尽可能地提供资源支撑。

小程序将会使通过“公众号+APP”进行推广的方式产生重大变革。以前商家普遍采用的提供免费Wi－Fi，并借助一定的折扣等优惠手段来吸引用户下载并安装APP的推广方式，将会转变为扫描二维码直接使用小程序，这能够极大地帮助那些面向低频长尾需求的O2O企业走向成功。

在从业者看来，小程序的出现使Web技术的商业化边界得到了极大的拓展，可以用于商业化探索的方向不再只是开发小游戏或者进行广告营销。

对于不懂互联网技术的普通大众而言，可能很难想象今日头条、滴滴出行是基于HTML 5技术开发的。既然这种相对比较复杂的独立APP都能使用Web技术进行开发，那么小程序的开发难度又会能有多高呢？

更为关键的是，轻量级的小程序可以通过一种更低成本的途径进行开发，即直接在小程序生成平台上获取。在小程序生成平台中，用户只需要简单的操作鼠标就可以生成一个简单的小程序。

这与提供服务号应用开发的第三方服务商的性质十分类似，这类企业通过制作一些服务号应用模板来帮助客户打造专属的服务号应用产品，从而获取高额回报，小程序生成平台的逻辑亦是如此。

在微信平台提供基本框架的基础上，只要符合小程序的展示标准及操作习惯，开发人员就可以将那些以前需要独立 APP 才能实现的功能通过小程序开发出来，并为目标群体提供服务。目前，部分企业为了开发小程序而重金招募相关的开发人才，未来随着这一产业的逐渐扩大，很有可能将会出现一个专门的小程序开发、运营岗位甚至是部门。

7.3 运营实战：开发者如何把握小程序带来的机遇

◎ 小程序架构设计：降低开发者门槛

2016年12月底，腾讯高级执行副总裁兼微信事业群总裁张小龙在微信公开课上对外界尤为关注的微信小程序进行了详细介绍，并公布了这款被寄予厚望的产品的上线日期。和微信公众号具备的订阅、传播及推广功能相比，服务功能才是微信小程序的核心所在。微信在腾讯帝国的版图中绝非只是简单的流量入口，而是一种能够实现线下与线上深度融合的重要工具。

如今的微信公众号（包括服务号与订阅号）必须要能够吸引用户订阅，才能达成获得流量的预期目标，它的定位更像是对接线上用户与内容之间的连接节点，其功能在于为商家传播营销内容和导流变现，在服务方面存在明显的短板。

微信公众号订阅量的快速增长，很容易导致因为营销信息泛滥而使用户大规模流失。而微信小程序则是定位于服务，它无法通过订阅、推送等方式来引流，而是为用户提供以前需要下载安装 APP 应用产品才能具备的功能。

微信小程序使开发人员能够更为快速、低成本、高效率地开发出丰富多元的服务功能，从而使用户体验得到提高。和微信公众号所不同的是，微信小程序没有采用以 Javascript、HTML 5 为代表的各种 Web 前端语言架构，页面读取时间大幅度缩短，和纯正的原生 APP 产品极为类似。

微信开放的 API 接口主要包括网络、数据、界面、位置、公用样式及封装框架等，而 APP. js、APP. json、APP. wxss 三个文件构成了微信小程序框架，该框架采用的语法和 CSS 3、Javascript 等广泛应用的 Web 开发语言十分相似，从而大幅度降低了开发者参与微信小程序开发的门槛。

为了给用户带来更为优质的服务体验，承担微信小程序框架搭建任务的微信技术团队对微信小程序的样式、传播方式、开放框架等进行了一系列限制，从而让微信小程序的框架、API 接口等始终处于微信的掌控之中。

为了鼓励更多的开发者加入到微信小程序开发中来，微信团队建立了一套系统而完善的设计指南，并且提供了 Sketch 基础空间库、开发者调用资源库等用于帮助开发者进行 Web 设计与小程序开发。而且，微信开发团队日后将会对微信小程序接口进行持续完善及优化，并进一步拓展微信公共库，从而为广大用户带来更优质的服务体验。

当然，微信小程序作为一个新兴事物，总是会有很多质疑的声音。目前，大部分应用开发者对微信小程序仍处于观望立场。在 APP 运营商看来，微信小程序的现有功能并不完善，用户接受度尚需验证，目前的重点应该是继续对原生 APP 进行开发及运营。

微信小程序在线上进行传播时，将采用去中心化的模式。微信不会为小程序提供专业的入口，在发展前期，微信将会积极引导小程序二维码在线下场景推广，通过微信扫描二维码后就能使用，微信也会向用户推荐附近可以使用的微信小程序。

微信小程序不存在专门的应用商店、排行榜等，用户可以通过搜索获取自己想要的小程序。微信小程序不支持分享到朋友圈，不过可以在聊天场景及微信群内进行分享，传播更加注重社交性，这也为用户通过微信小程序在线协作处理项目等提供了一种新的途径。

◎ 找准切入点，选择合适的开发方向

自 2016 年 9 月微信小程序启动内测后，无论是国内还是海外的开发人员，都纷纷聚焦于该领域。早在 2016 年的微信公开课上，微信创始人张小龙就透露，微信团队将开发应用号，之后在内测时，微信团队将应用号改名为微信小程序。如今，正式上线的小程序会使传统 APP 的运营出现哪些不同？开发者如何才能抓住机会？

小程序可通过应用程序编程接口与微信平台连接，并可在开发过程中根据自身需求对主页、视图和定位功能等进行自由设置。所以，小程序的运行效率完全可以比肩以本地操作系统为基础的应用程序。

微信团队在开发小程序的过程中，以 Web 语言为参考，推出小程序专属的开发语言，这一点与安卓系统及 iOS 系统配备独立开发语言存在共性，不仅如此，微信团队还推出了与小程序开发相配套的工具、指南，为开发者提供运营方面的指导，减少其在开发过程中的阻力因素。另外，不同于传统 APP 的开发，小程序开发人员无须聚焦于各个系统

之间的不同，能够使程序在不同的平台中正常运转。

在产品推广方面，尽管到目前为止，小程序无法在朋友圈中共享，但借助微信平台的社交属性，运营方之前推出的订阅号，以及包括微信本地广告及互选广告在内的多种推广方式，小程序依旧能够实现快速推广。

在商业变现方面，微信平台的支付功能，颠覆了传统的支付方式，能够使用户通过简单操作，快速完成交易，为用户提供了诸多便利，提升了支付体验，有助于实现应用付费并采用内购的方式与客户合作，从而拓宽自己的收益渠道。

现阶段，微信小程序的发展正处于上升时期，开发者需抓住机会，找到合适的切入点，推出满足用户需求的小程序。

作为小程序开发者，可尝试如下两种发展途径：第一，通过开发小程序，独立创业，或者在企业中从事开发工作，负责为企业提供小程序相关的产品与服务，或者以小程序开发服务商的身份，为客户开发小程序；第二，作为小程序开发者服务商，推出小程序开发所需的一系列服务，包括应用设计服务、程序测试服务、安全保障服务、产品推广服务等。

微信平台经过长期发展，已逐步建立起了稳定的生态系统，小程序未推出时，微信通过订阅号、服务号及企业号汇集开发人员，其中，订阅号进行内容输出，服务号进行服务提供，企业号帮助组织实现对内管理，并与其他组织进行互动。

在微信订阅号、服务号与企业号中，发展最迅速的当属订阅号，依托微信订阅号兴起的内容创业，在近两年呈现出蓬勃发展之势，得到众多用户的追捧。与订阅号不同的是，微信服务号与企业号的发展相对较慢，微信团队发布的企业微信，是在企业号运营的基础上推出的，微信小程序则能够进一步实现人与服务之间的连接。

小程序的推出使微信平台的服务框架更完善，自此，微信平台能够满足用户更多的功能需求；小程序的推出使微信进一步巩固了流量入口地位，用户能够通过搜索或扫码的方式启动小程序，对用户的线上搜索行为形成引导作用，在社交功能的基础上，为用户提供更多的服务。

在分析小程序的作用时，不应该将其与微信平台的其他功能分割开来，因为小程序也是微信功能的重要组成部分，该功能与微信的搜索、支付、信息传递等功能相互配合，能够发挥更大的价值，满足用户的多方面需求。伴随着物联网与人工智能技术的持续发展，微信将拥有更加广阔的发展前景，若微信小程序能够实现人与物之间的有效连接，就有望在此基础上形成全新的生态体系。

◎ 立足产品属性，提供优质的服务

微信小程序的运营在很大程度上取决于用户的需求，目前，一些实力型企业开发的 APP 积累了大批用户。之所以会出现这样的情况，原因如下：头部 APP 提供的服务能够对接用户的多数需求；一些聚焦于细分需求的 APP 由于缺乏足够力度的宣传或受其他因素的限制，未进入公众的视野；现存的 APP 无法满足用户的所有潜在需求。

而微信小程序则能够为用户提供更加多样化的服务，不仅如此，小程序开发无须过多的成本投入，对开发者的要求也有所降低，开发周期短，可先推出示例产品，通过微信平台进行推广，对用户的反馈进行分析，从而把握用户的关注点。

另外，交互方式也能够作用于小程序的发展。若微信小程序的操作方法与传统 APP 之间别无二致，缺乏用户支持的 APP，那么在推出小程序之后，仍然难以对用户形成有效的吸引力。在这种情况下，微信在推出即时应用软件时，可借鉴以苹果 Siri 为代表的人工智能工具的原理进行开发，使其能够对当前的场景进行快速分析，在获取用户核心需求的基础上，向用户推荐相应的小程序。换句话说，微信应该突破传统的应用分发模式，采用先进的人工智能技术进行小程序推荐。

从开发者的角度来分析，他们推出 APP，是为了进行商业价值的挖掘，若小程序的开发能够帮助他们快速达到目的，未来将会有越来越多的开发人员转向小程序设计行业。

从总体角度来分析，能够与微信平台现有的功能相结合、发挥协同效应的小程序蕴藏巨大的发展潜力，小程序在开发过程中还应突出其自身特色。从目前的发展情况来看，用户需求量大、使用频繁的产品不适合以小程序的形态推出，相比之下，使用频率较低、对接用户长尾需求的产品可以小程序的形态为用户提供服务。

立足于产品本身的性质来分析，工具性明显的产品里，以天气服务为代表的轻量级产品可以小程序的形态推出，但其价值延伸十分有限，以输入法、浏览器为代表的重量级产品不适合开发小程序；微信平台为电商类产品的发展提供了社交支撑，小程序的推出则能够在原有的基础上进一步提升用户体验；专注细分领域的社交类产品，将加入到小程序开发的行列中来；服务类产品可实现线上运营与实体运营的结合，与小程序本身的目的相符，适合推出小程序。在制定决策时，开发者需要充分考虑自己的实际情况，依据当前的资源积累及自身的专长，做出科学决断，抓住机遇开展布局。

在微信小程序的热度不断增长的今天，我们很容易想到一个十分关键的问题：轻量级的小程序如何能够做到有独立 APP 一样的用户体验？

确实，让普通消费者相信仅有几百 KB 的小程序能够和几十 MB 的独立 APP 一样能够带来优质的服务体验是一件相当难的事情。

不过这种对比的关键在于，小程序虽然和独立 APP 一样可以被称为“移动应用”，但在技术角度上，二者根本就是不同范畴的事物，用容量大小来衡量二者的用户体验是毫无依据的。

以“自选股”小程序为例，在没有真正体验过这款产品之前，很多股民都不相信它能够像独立 APP 一样提供优质的服务体验，而实际体验过后，大家却被其流畅度及人性化所征服。“自选股”小程序开发团队强调，小程序并不是将 APP 的功能都转移到微信上，而是有针对性地为用户提供一些小而美的优质服务，如看盘、股价提醒等。如果想要获取研究报告、投资评级、机构评级、公司财报等，则应该使用专业性更强的独立 APP 产品。

使用自选股小程序时，结合微信平台提供的社交功能，就可以和股民朋友一起分析股市行情，从而有效提升了用户体验。此外，股票对时效性的要求极高，在刚开盘时，甚至每一秒钟都有可能发生动态变化，这就需要为股民服务的小程序能够具备动态显示信息的功能。而自选股小程序就具备这种功能，事实上，部分独立股票 APP 尚不具备这种功能。所以，在使用自选股小程序时，很多股民会感到眼前一亮。

小程序内测前，腾讯内部开发团队将其称为“Web +”，而不是当时外界所认为的“应用号”，而且如果使用应用号，就很容易导致与苹果公司之间产生纠纷。那么，何为“Web +”呢？我们可以将其看作一种混合的开发方式，不是单一的 Web 开发，也不是 iOS 或 Android 开发，它在保持轻量级属性的同时，又能像独立 APP 一样提供优质的服务体验。

2012年时Facebook曾经对HTML 5技术十分推崇，但该技术的过度轻量化特征，使其当时没有成功发展壮大，当年的Facebook如果不是收购了Instagram恐怕会因此而错失移动互联网的红利。2016年4月，微信发布《微信外链规范》宣布对HTML 5小游戏进行封杀，不久后微信浏览器全面升级为X5 Blink内核，如今又向用户推荐基于“Web +”技术的小程序，可见在用户体验方面，微信的重视程度一直处于较高的水平。

◎ 企业运营：利用小程序吸引并留住用户

“2017微信公开课PRO版”于2016年12月28日举行，微信创始人张小龙对微信小程序进行了全面的阐述，包括小程序的入口支持、应用场景和形态表述等，让人们对小程序有了更为直观的了解，并为小程序的规范设置打下了良好基础。

张小龙在提及小程序推出的原因时，就当前的需求短板进行了较为详细的分析与解读。从其规则中可以看出，小程序是根据用户需求与微信生态体系建设的需要而推出的，对用户需求、微信的用户关系建立、微信发展需求等进行了综合考虑。

除微信与用户之外，企业与开发者也是小程序发展的参与者，他们的出发点可能不同于微信运营方。虽然以需求短板与应用场景为基础，但立足于企业的角度来分析，小程序的运营成本、实际价值、在竞争中的作用才是他们关注的重点。

在现阶段，绝大部分经营者在开发微信小程序的同时，也会通过其他形态的产品寻求突破，从而减少自身承担的风险。

企业进行小程序开发的需求通常可分为如下两种：其一，借助微信小程序，进一步扩大自身运营；其二，由于微信小程序的开发成本不高，许多企业通过小程序推出进行早期的探索，观察市场反应。

在这里，对第一种开发需求进行具体分析。举例来说，企业之前在 iOS 客户端展开了布局，又布局 Android 客户端的原因是什么？这是由于 Android 系统拥有广泛的用户基础，为了使自己的产品与服务能够触达这部分用户，必须在 Android 客户端进行规划，并且，布局 Android 客户端不会导致原有 iOS 客户端用户的流失。

在此基础上，要进行小程序开发的企业，第一步需要明确的是，其产品当前未实现推广的场景可通过小程序来触达用户，这是企业在决策过程中需要重点考虑的因素，不仅如此，该应用渠道还要能够与原有渠道并存，如果小程序导致原有渠道的用户流失，则会给企业整体发展带来不利的影响。当然，若小程序的变现价值高过传统客户端，企业就无须再考虑小程序开发对原有经营渠道的影响了。

通过分析不难发现，有些产品是无法在原有基础上开辟出新的推广场景的，而且，有些推广场景并不适合通过小程序来实现覆盖。举例来说，临近春节，有些车站的候车厅设置了年货销售广告，将这种推广方式换成二维码，以微店的形式销售产品，也能达到相同的效果，而无须采用微信小程序。

◆ 如何评估用户价值

用户价值十分重要，这是所有运营方都需要考虑的问题。无论是 PC 端网站，还是 APP，都存在注册用户成本，APP 的下载用户成本也不能忽略不计。不过，在初期发展阶段，用户成本十分有限，运营方能够从中获益，而且，随着行业的正常运营，用户成本会被控制在合理范围内。

当小程序的红利期逐渐消退，该怎样来定义其用户群体？在这种情况下，怎样才能避免用户价值超出合理范围呢？

由于微信小程序与PC端网站存在许多共同之处，不妨以此为切入点来分析一下小程序的用户价值。对于PC端网站，逐步上升的访问量是其发展的基础，而网站访问量包括两个部分：不断增加的新用户与保留下的老用户。

在这里需要清楚如下两方面：

1）留存率低的访问量价值有限

网站的高流量峰值并不代表其发展潜力，举例来说，运营方可通过大力度的线下推广吸引用户访问平台，使其流量峰值远远高出日均访问量，但如果平台不能有效提高用户黏度，这些访问量的价值将十分有限。为了解决这个问题，运营方需提高自身产品对用户的吸引力，促使用户再次使用小程序，从而达到提高用户价值的目的。

微信小程序与公众号是不同的，研究表明，微信公众号的打开率在5%～10%，但各个小程序的回访率是不同的。有些小程序主要通过线下渠道投放的二维码来吸引用户，有些小程序则需以程序列表吸引用户的持续关注，运营方需采用适合自己的渠道来吸引用户。

2）用户关系

除消息订阅模板之外，无法在小程序中实现直接的用户关联。在这种情况下，传统模式下注册用户的价值就不再有意义。

用户可通过微信账号进入任何一款小程序，未来，商家或许能够通过收集并分析用户数据来获取用户的行为信息。消息订阅模块不仅能够为用户提供服务信息，还能在运营方灵活运用的基础上，进一步吸引用户回访。

有些运营方想尝试通过会员体系的设置、发放奖励等方式来提高用户的价值，但微信旨在突出小程序的轻量级特征，可能不会向商家开放此类权限。所以，商家在运营过程中，可能不会有太大的发挥余地。

为了提高小程序的用户价值，运营方需要促使用户进行持续回访，在传统访问的前提下，灵活运用微信平台赋予商家的权限，有效保留用户。

◆ 新视角看旧场景

产品在推广过程中，不能忽视其应用场景，小程序也是如此，只有确定小程序的使用场景，才能实现小程序与用户之间的紧密结合。

另外，不同产品存在方向上的差别，二维码扫描纵然能够吸引用户访问自己的小程序，但这种访问并不是持续性的，若小程序无法带给用户良好的体验，运营方就很难留住用户。在推广过程中，产品形态与应用场景的问题是运营方首先应该考虑的。

除此之外，运营方还要考虑推广环节的竞争。例如，一款公交车查询软件可能会以传单的形式，面向公交站牌处等车的用户进行发放，促使用户通过关注公众号的方式查询公交车的实时位置。张小龙在阐述小程序的应用场景时，也列举过这样的例子，相比之下，微信小程序能够带给用户更好的体验。

小程序开发者与运营方的出发点是不同的。从小程序开发者的角度来说，扫描二维码便可进行程序推广；从用户的角度来说，他们对二维码对应的商家关注也不多。而对于运营方而言，竞争对手的出现，会使其难以留住自己的用户。

这意味着，小程序自身并不存在留存门槛，只不过，为了在竞争中取胜，运营方需设置竞争壁垒。假如在某一天，运营方在某个区域的公交站牌进行了二维码的全方位覆盖，隔天，竞争对手可以采用同样的方式进行替换，如此一来，用户就将转向另一方，而之前的推广成本也将白白消耗。

由此可见，小程序在早期发展阶段不存在恶性竞争，但并不代表未来不会出现此类情况。对于小程序运营方来说，应该在探索中找到适合自身产品的推广及应用场景，与此同时，还要对用户分布情况、同领域内的竞争形势有所把控。

◎ 案例：深度解析小程序为何成企业标配

诸多内容创业者及企业通过微信公众号而创造大量价值的案例不计其数，而小程序作为微信的又一个新功能同样被寄予厚望。从提出小程序的概念，到将其真正落地，经过了一年的时间，很多企业尤其是互联网企业在微信小程序正式上线后，便推出了自己的小程序产品，意欲借着即将到来的小程序新风口实现成功崛起。

如今与刚开始时在各大社交媒体平台引发广泛热议相比，虽然小程序上线几天后，人们对它的关注度已经有所下降，但对于那些意欲在这一领域掘金的开发者，却是在紧张与焦虑的同时，充满着兴奋与期待。

小程序无疑是一个充满无限想象空间的新领域，作为基础框架搭建者的微信，目前所要做的主要工作就是尽可能地明确规则与制度，让各路玩家在探索小程序的同时，不能破坏用户体验。

对小程序这种新鲜事物，开发人员并没有足够的借鉴经验，由于对一切一无所知，所以难免会显得有些紧张，但没有人会甘心放过这个有可能迎来爆发的新领域，毕竟相对于新生事物层出不穷的互联网行业而言，已经有相当长的一段时间没有诞生让人感到惊艳的新事物了。

猫眼电影作为小程序内测的参与者，其为自身的小程序上线投入了大量的资源，需要重点指出的是，猫眼电影为用户提供了诸多福利，例如，2017年1月9日至2月28日，首次使用猫眼电影小程序就可以领取红包；1月9日至1月18日每天上午10点，可使用猫眼电影小程序抢购9.9元特惠电影票。由于其本身存在的较高用户流量，猫眼电影小程序上线后便取得了相当不错的效果。

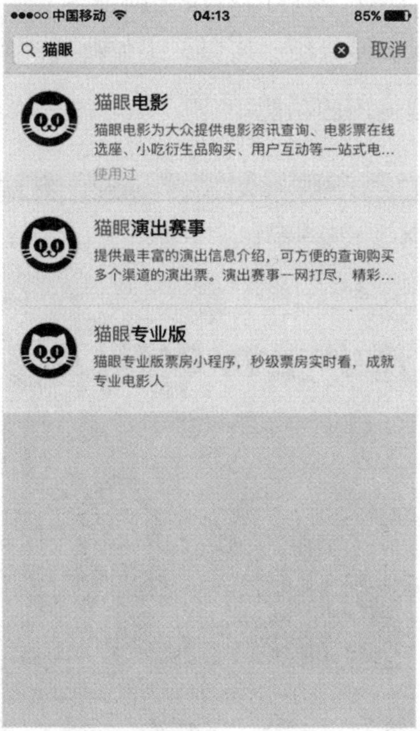

图7-3 猫眼公司开发的小程序

猫眼公司开发的小程序主要有三种：猫眼电影、猫眼专业版和猫眼演出赛，猫眼小程序将争取实现绝大多数的猫眼APP的功能及服务。

根据从用户方搜集而来的反馈意见，很多用户对猫眼小程序表示了认可和鼓励，但猫眼公司的小程序开发团队并没有因此而懈怠，相关人员仍在对产品进行优化及完善，上线当天会迭代多个版本。

作为小米合作伙伴的小蚁科技成立了一个由几名技术人员组成的小团队后，仅用几天的时间就开发出了小程序，在距离正式上线仅剩 2 天时将其提交给微信平台。在微信小程序正式上线当天其开发的小程序通过了审核并成功上线。

小蚁科技是一家专注于研发及生产运动相机与智能摄像机的高科技公司，其原有 APP 为用户提供的许多功能需要小蚁科技的后台系统提供支持，而小程序强调轻量级，所以，小蚁科技开发的小程序仅提供一个通过人工智能绘制美图的功能。

图 7-4　小蚁 AI 艺术

小蚁科技将小程序命名为“小蚁 AI 艺术”，上线当日即获得了将近 20 万的使用人次，而且公司并未对其投入任何推广费用。

此外，艺龙也是小程序内测资格的拥有者，其在小程序上线方面同样投入了较多的资源，甚至还为自身的小程序制作了演示视频。

◆ 回归产品本身

无论是花费巨大资源与精力的猫眼公司，还是相对淡定的小蚁科技，最为关键的不是说怎样开发出一个小程序产品，而是能够让用户愿意使用小程序。由于微信为开发者开发小程序提供大量的资源支撑，因此开发小程序本身并没有太大的难度。

例如，专注于互联网医疗领域的丁香园仅使用一名技术人员，一周就开发出了小程序“丁香园 +”。还有，即便需要涵盖酒店、景区、门店、机票、火车票、会员系统等诸多方面的同程旅游开发小程序，也不过是耗费了 1 个月的时间。可以说，小程序开发的限制绝非是在技术或者资源方面。

张小龙此前在微信公开课上，对小程序的特点进行了详细说明：小程序不设置独立入口，不能让用户订阅，不可向用户推送信息，微信不进行流量分发等。

为了让用户能够接受这一新事物，微信严格执行了这些规则，用户只能通过搜索及扫描二维码来使用小程序，可以说，在小程序使用方面，用户具有较大的主动权，开发者及企业能够进行推广的空间相当有限，但这并没有影响他们的开发热情。

由于微信对用户体验的重视，小程序之间的竞争将回归到产品本身的功能和价值上来，小程序能够为企业创造价值的关键在于优质的产品及服务体验。

要想让更多的用户使用小程序，需要发掘用户需求，通过为用户创造价值来让他们主动进行营销推广，这样不但省去了大量的营销成本，而且效果更佳。用一系列的运营手段吸引了用户之后，一旦用户发现该产品根本无法满足他们的需求，反而会影响该产品在用户心中的地位。

◆ 延伸服务场景

需要指出的是，在小程序发展初期，微信更加偏向让用户通过扫描二维码使用，而这种方式无疑能够让微信接触到大量的线下场景。

在这种背景下，O2O 公司具有先天的优势，借助于在线下进行的充分布局，部分 O2O 公司开始在线下门店投放大量小程序二维码。目前，携程小程序二维码已经遍及一、二线城市的机场和火车站；同程旅游在全国各大景区及体验店投放了小程序二维码；艺龙目前也在积极推进小程序二维码在线下门店的投放等。

猫眼公司将其小程序投放在了电影院内的电影海报及易拉宝中，下一阶段，猫眼计划将会把小程序布置在核心服务场景内，让用户获得极致快速的优质服务。使有需求的用户，能够通过扫描二维码在第一时间内享受到服务。

小程序上线后的第三天，微信对小程序的演示案例进行了集中展示。在这些演示案例中，我们可以明显感受到微信对于线下场景的重视，例如，用户通过扫描 KTV 中的小程序直接点歌；扫描医院的小程序直接挂号；扫描加油站的小程序充值加油卡；扫描公交站的小程序了解公交车的实时位置等。

小程序的出现，除了让企业通过更加专注于产品及服务来赢得用户的信任，从而实现口碑传播，由于线下存在的大量小程序应用场景，也让企业可以更低成本、更高效率地接触用户。

◆ 小程序与 APP 的关系

具备 APP 功能的小程序的出现，也让很多人感到有些困惑：究竟应该以一种怎样的心态来看待小程序与 APP 产品之间的关系呢？实际上，小程序和 APP 产品分别对应的是不同的用户群体和应用场景。

例如，观影频次较低的用户无须下载猫眼电影 APP 应用，直接使用小程序即可实现购票、选座和退票等功能。而经常看电影的用户，愿意在电影方面投入大量的时间与精力，此时就可以下载猫眼电影 APP 来享受更为全面的服务。

对猫眼而言，小程序不是为了取代 APP 应用产品，而是进一步扩大猫眼的服务能力，连接更多的消费者。在产品方面，小程序与 APP 应用并不冲突，甚至可以实现优势互补。

从引流方面来考虑，很多的 APP 产品都可以让用户通过微信、QQ 等第三方账号登录并注册，它们获取用户本身就对微信有着较大的依赖性。小程序的出现，降低了 APP 的下载成本，能够满足用户轻量的功能需求，但那些更复杂的功能，如互动性较强的社区功能，目前还是应该使用 APP。

当然对于这种问题，不同的开发者可能会有不同的答案。小程序未出现之前，那些本身用户流量就相对较低的 APP 产品根本不必考虑小程序与 APP 之间的定位问题，因为小程序让它们得到了一个获取用户需求的新渠道。

2016 年 7 月，毒舌电影获得 A 轮融资，估值达到 3 亿元人民币。为了更好地留住用户，毒舌电影在 2016 年 12 月推出了 APP 应用产品，但在电影领域，虽然其具备较高的粉丝数量（在微信端拥有近 200 万粉丝），但让这些粉丝去下载 APP 应用绝不是一件简单的事情。

2017 年 1 月 9 日，毒舌电影也上线了自己的小程序产品，而借助于微信平台为小程序与公众号之间构建的连接关系，用户就可以借助一种更方便、快捷的方式来获取毒舌电影提供的优质服务。

除了毒舌电影，公众号“玩车教授”开发的小程序“汽车报价大全”也利用小程序这种全新业态吸引了大量粉丝的关注。对于在微信平台开通公众号的企业来说，由于小程序可以和公众号之间设置关联关系，可以让相关企业大幅度降低开发成本和引流成本，从而实现价值最大化。

目前，小程序上线时间相对较短，微信平台、开发者、用户都需要有一段时间的适应期，我们现在还无法知道小程序未来是否能够取得成功，但在微信打造的新程序生态中，重视用户需求并为之创造价值的企业，向来能够创造出巨大的商业价值。